LE TEMPS DE L'ÉTOILE POLAIRE

Du même auteur
chez le même éditeur

Le Deuil de la mélancolie, 2018
La Danse des simulacres, une philosophie du goût,
coll. « Bouquins », 2019
Théorie de la dictature, 2019

MICHEL ONFRAY

LE TEMPS DE L'ÉTOILE POLAIRE

Journal hédoniste

Robert Laffont

Ouvrage édité par Jean-Luc Barré

ISBN 978-2-221-24044-1
Dépôt légal : octobre 2019

« Il faut porter encore en soi un chaos, pour pouvoir mettre au monde une étoile dansante. »

Nietzsche, *Ainsi parlait Zarathoustra,*
Prologue, 5

SOMMAIRE

1. Penser comme un cheval 11
2. Le temps venu de Proudhon 17
3. La passion de la lumière 25
4. Célébration de l'Algérie 51
5. La parapsychologie freudienne 69
6. Sur un prétendu divin marquis 83
7. Adieu mon vieux maître, adieu.............. 95
8. Vade-mecum, vade tecum (Nietzsche I)... 101
9. Cave musicam (Nietzsche II) 117
10. Un disciple catalan de Nietzsche 127
11. Les modalités de l'immatériel 139
12. Petite phénoménologie des oiseaux 145
13. Catastrophe de la pensée catastrophiste 151
14. Une partie mémorielle de nous-mêmes 161
15. Reste à vouloir… 169
16. L'art de gifler un cadavre 175
17. Pour une psychanalyse sans inconscient 259
18. Prendre une correspondance 267

Bibliographie 281

1.

Penser comme un cheval. J'aime Bartabas parce qu'il est un homme debout; et il est un homme debout, parce qu'il fait parler en lui toute une série d'animaux, pas seulement le cheval : la hyène au rire grinçant quand, homme de l'art équestre, comme chacun sait, il vante les mérites de la boucherie chevaline en disant qu'elle a sauvé l'animal; le gorille quand il se rend dans un bureau du ministère de la Culture et saccage un peu, en passant, la cage du babouin fonctionnaire qui étrangle sa compagnie avec des décisions de bureaucrate; le renard quand il fixe l'objectif du photographe qui le saisit dans un beau portrait avec un crâne de cheval, composant ainsi une Vanité dans un esprit baroque; le chat quand il regarde autour de lui qui se trouve à sa table après le spectacle, et comment les lois de l'éthologie se trouvent respectées dans les agencements autour du mâle dominant qu'il est, ce qui lui fait friser l'œil et retrousser les babines; le loup quand il se meut dans l'espace d'Aubervilliers avec sa meute qui se déplace comme en dansant autour de ses phéromones ; l'ours quand il met la patte dans le plat en plein Festival d'Avignon pour exploser le politiquement correct qui règne en matière d'intermittence du spectacle ; le lion, roi des animaux, quand il chevauche. Cet homme est un zoo à lui tout seul.

Je suis pourtant le plus mal placé pour parler de son art car je ne suis jamais monté sur un cheval. Dès lors, dans ses spectacles, j'entends des « oh ! » et des « ah ! » qui ponctuent ses coups de génie équestres, mais sans savoir pourquoi il y a eu, là plutôt qu'ailleurs, matière à extase ! Ainsi du galop arrière : enfant, j'avais l'habitude de voir des percherons dans les champs de ma campagne normande, et il me semblait qu'il suffisait de demander à un cheval de reculer pour qu'il s'exécute !

Holà ! Sacrilège... Le sommet de l'art se trouve dans cette reculade... Bien, bon, d'accord, entendu... Mais de la même façon qu'on n'a pas besoin d'être musicologue pour aimer Bach, sinon gynécologue pour aimer les femmes, on peut aimer Bartabas en ignorant tout de la technique équestre – même si j'imagine la qualité affûtée du plaisir qu'il y a à décoder la subtilité du dressage quand on est soi-même cavalier.

Ce qui me plaît dans ses spectacles, c'est la pensée qu'il y met. Depuis le début de Zingaro, ses créations ont été multiples et diverses. Du dépouillement maximal et de l'esthétique zen de la danse d'un homme avec son cheval et de ce centaure avec un acteur de butô dans « Le Centaure » et « L'Animal », à la farce baroque d'une danse macabre dans « Calacas », en passant par les contrepoints entre les chevaux et les musiques du monde dans « Darshan » ou « Battuta », il n'existe qu'une seule substance diversement modifiée – comme dirait un spinoziste sachant monter…

De la pensée dans les spectacles de Bartabas ? Oui. De la pensée. Car penser avec des mots est une histoire récente avant laquelle il y eut des millénaires de pensées sans les mots. Il y eut de la pensée à Lascaux avec des peaux de bête tannées, tendues sur des cadres, frappées avec un bâton ou un os, il y eut de la pensée sous les lueurs des torches à la graisse animale qui éclairaient un peu des danseurs probablement enivrés de lichens fermentés ou de liquides hallucinogènes, il y eut de la pensée dans le cerveau d'un être qui recouvrit de pierres sèches le corps de son père mort, il y eut de la pensée dans la main du premier graveur de tête de cheval dans une grotte préhistorique – etc. Bartabas est l'homme de cette pensée-là.

Précisons. Pendant des millénaires, l'homme et la nature ne se pensaient pas séparément.

Le nuage, l'arbre, le vent, l'animal, l'homme, l'insecte, le soleil, la pluie étaient un seul et même monde. La décadence vint avec le monothéisme qui mit à bas le paganisme et le panthéisme pour lesquels les dieux n'étaient pas séparés du monde puisqu'ils étaient le monde. Dans ces temps où la raison ne se nourrissait pas de mots et de concepts, mais d'intuitions et d'esprits, de souffles et de murmures, l'animal et l'homme, la pierre et la plante étaient, pour l'homme, parcourues d'une même énergie. Bartabas montre cette énergie fossile dans un monde qui en a perdu le sens et l'usage. Voilà la pensée de Bartabas. Il convoque pour ce faire des oies et des chiens, des dindons et des ânes, des chevaux aussi, bien sûr, ou des cygnes avec lesquels il obtient des résultats chorégraphiques stupéfiants.

Ce qui a lieu sur la piste du cirque suppose une longue conversation entre l'homme et la bête, preuve que la communication est possible entre le règne animal et le règne humain qui ne sont qu'artificiellement séparés. Même remarque avec le règne végétal ou le minéral. La force qui détermine l'indéfectible agencement des cristaux de quartz et celle qui anime le cheval dans le rond de lumière, autant que la posture du cavalier qui le monte, sont une seule et même vitalité.

Il y a peu d'êtres qui font de cette force un matériau à sculpter – Bartabas est l'un de ceux-là. Ses démonstrations offrent une quintessence du génie équestre français en même temps qu'un cristal de communication non verbale entre le cavalier et sa monture. En sortant du manège, les genres se mêlent : le cheval a montré tant d'humanité que l'homme sent en lui cette bestialité – autrement dit, sa participation au monde animal.

Et l'on en vient même à se demander si cette intelligence animale que nous avons perdue n'est pas plus grande que l'intelligence livresque qui l'a recouverte depuis des millénaires. Nous croulons sous le poids des mots, des livres, des bibliothèques, des paroles. Le silence des bêtes nous ramène à l'essentiel : Bartabas nous y mène avec un doigté de chamane.

La pensée de Bartabas est une éthique : elle montre ce qui peut être obtenu moins quand on brime la part animale pour l'humaniser que quand on l'humanise en l'animalisant. Autrement dit, quand on rappelle à l'*Homo sapiens sapiens* qu'il est aussi, et peut-être surtout, une énergie à sculpter, une force à conduire, un chaos à ordonner. Bartabas montre la voie – il est le seul aujourd'hui, avec le médium insolite de l'art équestre, à nourrir l'âme de corps, alors qu'un millénaire de formatage spirituel a produit l'inverse.

« Calacas » constitue une étape nouvelle dans cette leçon de sagesse équestre. Baroque, foutraque, dionysiaque, bachique, endiablée, sarcastique, comique, cette pompe funèbre fait du cercueil un tapis volant. Les chevaux se partagent la sciure avec les squelettes qui dansent, sautent, frétillent, rigolent à mâchoire déployée pour nous offrir une leçon épicurienne : la mort n'est pas à craindre puisque nous sommes là, quand elle sera là, nous n'y serons plus.

Dès lors, les corbillards roulent à tombeau ouvert, conduits par des chevaux fous, les os sont la chair des morts qui chevauchent des animaux musclés comme des apollons, les anges secs montrent leur sacrum et leur coccyx en volant comme des spectres au-dessus des spectateurs, Éros embrasse Thanatos sur la bouche, le tout sur la croupe d'un cheval qui redouble celle de l'écuyère, la peau d'une cavalière est de tissu, la pointe de ses seins se fripe d'étoffe, la chair est donc plus fausse que l'os, dur et vrai comme une pierre tombale.

La musique est une fanfare céleste. La cavalcade est celle des morts qui jouent à la vie dans un ciel non pas d'idées mais de chair et de sang où l'on lutine, boit, rit, danse et chante. Bartabas, qui nous livre sa pensée depuis des années, nous a fourni une éthique, une sagesse, une éthologie, le voilà qui nous donne à présent une théologie. Dieu que la pensée est une douce chose quand elle économise la parole ! Dans ce cas, et seulement, elle est la plus noble conquête de l'homme.

2.

Le temps venu de Proudhon. Chacun sait que l'imprégnation chrétienne a laissé des traces et que plus de mille ans de christianisme au pouvoir formatent les consciences de sorte que, non croyants, agnostiques, athées, mais aussi antichrétiens, libres-penseurs, militants rationalistes restent tributaires de schémas de pensée hérités de cette religion. Il en va de même avec deux siècles de marxisme qui ont enfumé la pensée et imprègnent souvent les analyses politiques contemporaines.

Le marxisme a dominé depuis que la Première Internationale a permis à Marx d'évincer par tous les moyens, y compris les moins honnêtes, les représentants d'un socialisme libertaire, autrement dit, le socialisme de Bakounine et de Proudhon. La Commune ne fut pas marxiste et Marx n'a pas compris la Commune. Mais les Versaillais ont tué vingt mille communards. De sorte que Thiers et les siens ont décapité le socialisme libertaire en France : ruse de la raison, Thiers ne savait pas qu'ainsi il ouvrait un boulevard à Marx et aux marxistes…

La révolution russe de 1917 a marqué le triomphe de Marx sur le terrain européen. Les modalités de son communisme ont bel et bien été réalisées, quoi qu'en disent les marxistes idéalistes qui pérorent encore aujourd'hui. Il n'y a que dans le cerveau d'un vieux normalien qu'on peut parler, en platonicien, du sublime d'un « communisme transcendantal » qui n'aurait absolument rien à voir avec ce que fut la réalité soviétique et des blocs de l'Est de 1917 à 1989…

Des manigances et des perfidies de Marx lors de la Première Internationale (1864) à la publication d'un collectif intitulé *L'Idée du communisme* (2009) qui rassemble les interventions de Badiou, Negri, Rancière, Zizek, et autres idéalistes communistes, en passant par Lénine, Staline, Mao, Castro et quelques autres beautés communistes transcendantales, Marx a eu le temps de montrer combien sa dictature du prolétariat fut plus soucieuse de dictature que de prolétariat. On peut toujours croire que ce qui se fit au nom de Marx n'a rien à voir avec lui afin de persister dans ses erreurs, mais à ce jeu dangereux on risque de rouvrir des camps plutôt que d'élargir des libertés.

Ne pas vouloir de Marx et du marxisme ne saurait renvoyer dans les bras de ceux qui font du libéralisme l'horizon indépassable de notre époque. L'alternative à la droite n'est pas le goulag ou la gauche de droite. Du moins, elle ne devrait pas. Car il existe une gauche libertaire loin de la gauche autoritaire des marxistes nourrie de nostalgie bolchevique ou de la gauche tocquevillienne qui peint la façade de son libéralisme en rose bonbon. L'anarchisme est autre chose que ce que la vulgate affirme habituellement. Certes, le dénigrement de ce beau mot est facile : il suffit de renvoyer à ceux qui s'en sont réclamés pour justifier les attentats aveugles de la Belle Époque, les meurtres de la bande à Bonnot, afin d'associer ce terme à la violence, à la brutalité, au sang versé.

Or il existe un courant méconnu de la pensée anarchiste française qui a proposé ce que Proudhon lui-même nomme une « anarchie positive » : construire ici et maintenant une révolution qui n'a pas besoin de tuer, massacrer, piller, pour se réaliser. Cette anarchie-là n'a rien de commun avec la gauche de ressentiment qui est pour tout ce qui est contre, et contre tout ce qui est pour. Les tenants de cette gauche si bien analysée par Nietzsche en son temps veulent avant tout détruire. Et après ? Après triomphe un schéma religieux : bonté, bonheur, prospérité, etc. Disparition de l'exploitation, des guerres, de la phallocratie, de la misère… Ce schéma reste hégélien, idéaliste, religieux – et pour tout dire, chrétien.

Les défenseurs de l'anarchie positive, dont Proudhon, changent les choses ici et maintenant. Au contraire de ceux qui ne changent rien tout de suite parce qu'ils prétendent tout changer demain, demain n'arrivant jamais, ils défendent une micro-politique concrète et efficace. Les instruments de cette révolution sans fanfare ? La « Ruche », l'école alternative de Sébastien Faure, l'Université populaire de Georges Deherme, les milieux libres de Georges Butaud et Sophia Zaïkowska, la Bourse du travail de Pelloutier, la camaraderie amoureuse d'E. Armand et tant d'autres expériences libertaires concrètes dont celles de Jean-Marc Raynaud, le créateur des Éditions libertaires, auquel on doit une crèche libertaire, L'Île aux enfants sur l'île d'Oléron, une colonie libertaire Bakounine, une école libertaire Bonaventure, ainsi qu'un projet de maison de retraite.

Proudhon a philosophé en dehors des cadres. Fils de pauvre, pauvre lui-même, autodidacte, il n'a aucun des tics des anarchistes qui puisent leur science du monde dans les bibliothèques, avec le risque de nourrir l'idéalisme et de ne jamais obtenir un seul progrès concret. S'il pense, ce n'est pas dans la perspective de l'art pour l'art : il veut changer le monde réellement, concrètement, positivement, tout de suite, de façon pragmatique.

Dès lors, ses productions livresques sont toujours des textes de combat. L'universitaire y trouvera des contradictions qui se volatilisent quand on procède à des contextualisations. Une fois, il est pour l'abolition de l'État, une autre, il défend l'État. Certes, mais dans le premier cas, celui de *Qu'est-ce que la propriété ?*, il fustige l'État capitaliste complice de l'« aubaine », autrement dit de l'exploitation des ouvriers par les capitalistes qui ne rétribuent pas la force de travail collective ; dans le second cas, celui de *Théorie de la propriété*, il montre combien la fédération, la coopération, la mutualisation supprimeront le gouvernement venu d'en haut par ce gouvernement contractuel, certes, mais qu'il faut une instance qui régule cette fédération – l'État. Un État libertaire, autrement dit, un État qui garantisse l'« anarchie », que définit l'absence de gouvernement venu d'en haut.

Même remarque, en 1841, Proudhon aurait été contre la propriété, puis, à la fin de sa courte vie, il aurait été pour. En vertu des mêmes principes, Proudhon veut l'abolition de la propriété capitaliste au profit d'une propriété anarchiste, celle qu'il nomme la « possession » et qui exclut sa constitution par l'exploitation salariée. La propriété est donc à abolir quand elle est capitaliste ; à promouvoir quand elle est anarchiste, elle se nomme alors possession.

Proudhon ne pense pas le réel à partir de catégories philosophiques idéales, mais à partir du plus concret. Marqué par l'hégélianisme, l'anarchisme russe de Bakounine et Kropotkine demeure prisonnier des schémas chrétiens : la rédemption du péché (la propriété) par la conversion à la religion (la révolution) qui réalise la parousie (le communisme).

Le proudhonisme est un pragmatisme, autrement dit, le contraire d'un idéalisme. D'où ses propositions concrètes et détaillées : la fédération, la mutualisation, la coopération comme autant de leviers pour réaliser la révolution ici et maintenant, sans qu'une seule goutte de sang soit versée ; la banque du peuple et le crédit organisé pour les classes nécessiteuses par ces mêmes classes dans une logique qu'on dirait aujourd'hui de microcrédit ; une théorie de l'impôt capable de réaliser la justice sociale ici et maintenant ; une défense de la propriété anarchiste, comme assurance de la liberté individuelle menacée par le régime communiste ; la construction d'un État libertaire qui garantisse la mécanique anarchiste ; une théorie critique de la presse car elle est une machine à promouvoir l'idéal des banquiers qui la financent ; une pensée du droit d'auteur ; une analyse de la fonction sociale et politique de l'art qui s'oppose à l'art pour l'art et aux jeux d'esthètes ; un investissement dans ce qu'il nomme la « démopédie » pour laquelle on augmente plus sûrement le progrès de la révolution par l'instruction libre que par l'insurrection paramilitaire – et mille autres instruments d'une boîte à outils dans laquelle le socialisme n'a pas encore puisé…

Certes, il existe une face noire à Proudhon : sa misogynie que Daniel Guérin, dans un ancien *Proudhon oui & non*, mettait en relation avec une homosexualité brutalement refoulée ; la phallocratie qui l'accompagne et qui inscrit le philosophe bisontin dans l'ancestrale tradition pitoyable des penseurs qui passent à côté de la moitié de l'humanité – de Platon à Freud, en passant par Rousseau, Kant, Schopenhauer et Nietzsche ; d'indéfendables propos antisémites consignés dans ses *Carnets* – Robert Misrahi analyse cette question dans son *Marx et la question juive* et rappelle les modalités de l'antisémitisme de Marx ; sa défense de la guerre comme hygiène de la force – une constellation de fautes qui conduisit quelques vichystes à embrigader Proudhon parmi leurs références intellectuelles...

Ce droit d'inventaire effectué, et il est terrible, mais nécessaire, il reste un philosophe ayant pensé un socialisme libertaire que Marx et les siens ont critiqué, moqué, ridiculisé (songeons à *Misère de la philosophie* d'un Marx qui répond à la *Philosophie de la misère* de Proudhon et met les rieurs de son côté, mais au détriment des idées du philosophe français recouvertes par le sarcasme marxiste).

À l'heure de l'effondrement du système macropolitique mondial, cette philosophie micropolitique anarchiste concrète ouvre de grandes perspectives. Dans *De la justice dans la révolution et dans l'Église*, Proudhon écrivait : « Le peuple n'a jamais fait autre chose que prier et payer : nous croyons que le moment est venu de le faire philosopher. »

3.

La passion de la lumière. La lumière est la matière avec laquelle les hommes ont modelé les dieux. On imagine en effet sans difficulté l'*Homo sapiens* comprenant le mécanisme de l'aube, des lumières pâles du petit matin, celui du soleil éclatant au zénith, son déclin dans l'après-midi, son rougeoiement, sa disparition en soirée, puis l'apparition de la nuit, le moment de tous les dangers conjurés avec la lumière de feux destinés à éloigner le péril des animaux sauvages. Puis le retour, après les ténèbres, de la lumière et ce sur un même principe jour après jour.

Le même homme, après avoir compris la dialectique du jour et de la nuit, conçoit que ce cycle est compris dans un autre cycle, celui des saisons qui fonctionnent elles aussi selon le schéma de l'alternance des jours d'été et des nuits d'hiver : printemps, été, automne, hiver et recommencement. Bourgeons, fleurs, fruits, feuilles qui jaunissent et tombent, branches sèches, puis retour des bourgeons la saison suivante. De façon probablement confuse au départ, puis certaine ensuite, il connaît les solstices et les équinoxes, les nuits les plus longues avec les jours les plus courts et les jours les plus longs avec les nuits les plus courtes.

La connaissance de ces deux cycles n'est pas allée sans une métaphysique : angoisse de comprendre que, si jour après jour, la lumière décline sans cesse, l'humanité court à sa perte en allant vers les ténèbres qui engloutissent tout. Mais également, réjouissance de découvrir que le décroissement de la lumière n'est pas fatal, car il est suivi par un retour de la lumière. Si le mécanisme du mouvement des planètes qui explique ces choses est compris plus tard, cette saisie du cycle de la lumière peut induire une force à l'origine de ces mouvements. Sans trop se tromper, on peut conclure que les hommes ont célébré les divinités qui président aux métamorphoses régulières de la lumière, à la vie, à la croissance, à la décroissance, à la disparition et à la renaissance de la lumière avant de nouveaux cycles.

Le paganisme, religion des paysans nous dit l'étymologie, fête l'union intime entre l'homme et la nature qui ne se vivent pas comme séparés. L'homme ne se pense pas dans la nature avec la possibilité de s'en rendre « maître et possesseur » selon la formule de Descartes, car il est la nature, fragment d'elle, morceau jamais détaché, partie associée, tel un organe dans un organisme. La fête du solstice comme célébration du retour de la lumière est aussi vieille que le monde, et le christianisme, quand il éradique les traces de paganisme, ne peut faire autrement que conserver cette fête en se contentant d'en modifier le contenu et de le remplir du sien : la naissance d'un Jésus assimilé à la lumière, venu éclairer le temps de ténèbres…

La religion associe donc la divinité, le divin, Dieu, l'absolu à la lumière. Les métamorphoses de la lumière passent également par la philosophie : de l'allégorie de la caverne de Platon qui entretient du feu dans le monde intelligible des Idées à la pensée du XVIIIe siècle qui ne parle plus de lumière au singulier mais utilise le mot au pluriel, *les* Lumières, en passant par la raison définie comme la « lumière naturelle » chez Descartes ou Leibniz, l'association perdure entre la lumière et ce que l'on tient pour le plus désirable. Dans le même temps les ténèbres signifient évidemment la négativité.

Le XIXe siècle entretient un autre rapport à la lumière. Siècle de la révolution industrielle, donc du capitalisme et de ses antidotes, le socialisme, le communisme, l'anarchisme, donc des révolutions prolétariennes, il est également celui de la mort de Dieu. On connaît la célèbre annonce faite par Nietzsche dans *Le Gai Savoir* en 1882, « Dieu est mort »… Et, de fait, la transcendance n'a plus vraiment bonne presse dans ce siècle qui, avec

Feuerbach, propose le premier démontage de l'illusion religieuse et renvoie les hommes à l'immanence la plus radicale.

De symbole qu'elle fut pendant tant de millénaires, la lumière se laïcise, elle devient un objet de science. Puis on la domestique : l'éclairage public propose une lumière artificielle, qu'on dira culturelle. La lumière naturelle reste l'apanage des campagnes. Les boulevards parisiens en pleine lumière, les estaminets éclairés comme en plein jour, avec le gaz, puis l'électricité, montrent une lumière défaite de toute symbolique. Utilitaire, pratique, quotidienne, triviale, banale, elle fait partie de la vie et perd toute magie. Sauf…

1822

Sauf avec la photographie dont l'étymologie renvoie à « écriture » et « lumière », autrement dit, à l'écriture par la lumière, avec la lumière, à l'aide de la lumière. La date de naissance du procédé fait débat. 1839, disent les tenants de la date conventionnelle : Arago a en effet présenté cette « invention » de Daguerre à l'Académie des sciences. En fait, janvier 1826, affirme Helmut Gernsheim qui a effectué un véritable travail de limier pour parvenir à la conclusion selon laquelle Joseph-Nicéphore Niépce a réalisé une image à la chambre obscure avec une plaque d'étain polie sensibilisée au bitume de Judée. Cette substance durcit la lumière, au contraire des sels d'argent qui la noircissent. Dès lors, son exposition induit un genre de gravure. Pas besoin de fixage, un usage de térébenthine pour les parties non exposées et d'eau pour la plaque, et la *photographie* apparaît.

En fait, en 1824, Niépce avait déjà effectué la même prise de vue (la cour de sa maison de campagne à Saint-Loup-de-Varennes) sur une pierre lithographique, l'exposition à la lumière exigeait alors plusieurs heures de pause, et l'image était à peine visible – même si elle était bien là… Cette épreuve semble aujourd'hui perdue. D'aucuns tiennent donc cette année pour date de naissance de la photographie…

Mais certains proposent une autre date : ni 1839, ni 1824, mais 1822 ! Cette année-là, Niépce avait réalisé la reproduction d'une gravure du pape Pie VII sur une plaque de verre enduite de bitume de Judée… L'épreuve a été cassée peu de temps après, mais l'existence de cette première photographie, si l'on s'en tient à l'étymologie, est établie. Les édiles ont gravé en 1933 sur un monument commémoratif : « Dans ce village Nicéphore Niépce inventa la photographie en 1822. »

Laissons ces combats aux spécialistes d'histoire de la photographie et, plus particulièrement, à ceux qui vouent leur vie entière à la généalogie de cette invention. Pour ma part, s'il est attesté qu'une *écriture par la lumière* susceptible de nommer a minima la photographie existe dès 1822, je ne vois guère de raison de ne pas souscrire à cette date. Chacun pourra s'appuyer ensuite sur la mise au point de tel ou tel détail dans les moments généalogiques pour postdater ou antidater l'invention – et publier sur ce sujet la littérature savante afférente. Ce que je retiens, c'est que ce procédé qui domestique la lumière païenne pour en faire des images date de 1822 et que, au-delà de la découverte technique, on peut pointer la révolution métaphysique induite par cette trouvaille.

La photographie reproduit donc fidèlement son sujet, mieux que ne pourrait le faire un peintre très habile capable, comme Zeuxis dans l'Antiquité, de tromper des oiseaux avec sa peinture d'une grappe de raisins si fidèlement rendue que le volatile se trouve pris au piège de la figuration. Si le peintre avait pour tâche de restituer le réel le plus fidèlement possible, il trouve dans la photographie une discipline nouvelle qui va le contraindre soit à abandonner soit à chercher de nouvelles directions pour conférer à son art une autre raison que la pure et simple duplication du réel.

1872

La peinture connaît donc sa révolution, on le sait, avec l'impressionnisme. Nul n'ignore le rôle joué par la lumière normande dans l'existence de ce moment radical de l'histoire de la peinture. La chose s'écrit depuis plus d'un demi-siècle (voir par exemple Jean Leymarie, qui écrit dans son ouvrage *L'Impressionnisme* [Skira, 1955] : « L'estuaire de la Seine et les côtes normandes devinrent entre 1858 et 1870 un foyer très actif de plein air et le véritable berceau de l'impressionnisme » – ce dont les Normands ne sont convaincus que depuis peu...).

C'est à Boudin qu'on doit d'avoir si bien vendu sa Normandie aux peintres qui produiront ensuite ce mouvement célèbre dans le monde entier. Lui qui est né à Honfleur en 1824 a initié un jeune Havrais d'adoption de dix-huit ans, Claude Monet, à la peinture en 1858 en le conduisant entre Rouelles et Frileuse, dans les environs du Havre, à peindre en plein vent... Dans une lettre de Monet à Boudin datée du 22 août 1892, on peut lire ceci : « Je n'ai pas oublié que c'est vous qui, le premier, m'avez appris à voir et à comprendre »... Lumières de ciels, lumières de mer, Monet peint Honfleur, le port, la lieutenance, ses voiliers, la rue de la Bavolle à deux reprises, à une demi-heure d'intervalle, les habitants, l'embouchure de la Seine...

Les années qui suivent, il peint les lumières de Normandie, la *Terrasse à Sainte-Adresse* près du Havre dans une maison de famille où son père l'héberge. Ou bien encore *La Jetée du Havre par mauvais temps*, ou *Le Port de Trouville*. Mais la révolution, c'est *Impression, soleil levant*, une petite toile

(48 × 63 cm) peinte en 1872, figurant en 1874 dans l'exposition collective organisée par Degas dans le studio du photographe Nadar au 35, boulevard des Capucines à Paris. Cette œuvre va donner son nom à l'impressionnisme.

On le sait, l'impressionnisme est ainsi nommé par un journaliste dont le seul titre de gloire est d'avoir voulu salir l'œuvre, ce qui, paradoxalement, contribua à sa réputation planétaire. Louis Leroy publie en effet son compte rendu dans *Le Charivari*. Il y rapporte le propos d'un visiteur excédé : « *Impression*, j'en étais sûr. Je me disais aussi, puisque je suis impressionné, il doit y avoir de l'impression là-dedans... Et quelle liberté, quelle aisance dans la facture ! Le papier peint à l'état embryonnaire est encore plus fait que cette marine-là ! » Émile Cardon, autre journaliste, parle de « l'École de l'Impression ». Jules Castagnary, autre membre de la corporation, parle de Monet, Sisley, Pissarro, Renoir, Degas et quelques autres ainsi : « Ils sont *impressionnistes* en ce sens qu'ils rendent non le paysage, mais la sensation produite par le paysage. » Des historiens de l'art qui trouvent peu impressionniste cette toile se demandent même si ce fut bien celle-ci qui a été exposée...

Le disque solaire orange troue la toile et organise autour de lui les effets de lumière, dans l'air, dans l'eau. Dans les deux éléments on trouve une même vapeur diluant les formes. Et puis, le disque orange dans le ciel et les zébrures de la même couleur à la surface de la Seine. Certes on reconnaît bien dans l'éther la fumée des cheminées, les mâts des grands bateaux, les silhouettes des grues du port, ou bien, sur la surface liquide, les embarcations avec leurs passagers, mais l'ensemble ne distingue pas la partie aérienne supérieure et la partie aquatique inférieure. Tout baigne dans une même atmosphère de vaporisation liquide – ce qui signe la Normandie : une présence de l'eau partout et sous toutes ses formes, dont les brumes, brouillards, bruines, embruns et autres variations sur le thème de la décomposition de l'eau en fines particules.

L'impressionnisme, c'est donc ce mouvement initié par le Normand d'adoption Monet, amené à la peinture par le Normand Boudin, qui, via la peinture de la Normandie, ses plages, ses ciels, ses champs, sa mer, ses gens, sa lumière, génère une révolution dans l'histoire de l'art mondiale. Lorsque Monet s'installe définitivement à Giverny, dans l'Eure, il a quarante-trois ans et il y restera jusqu'à sa mort le 5 décembre 1926, âgé de quatre-vingt-six ans. Il sera enterré civilement dans le cimetière du village. La Normandie, il la connaît bien puisque sa famille s'installe au Havre en 1845 alors qu'il a cinq ans. Dix ans après son installation à Giverny, en 1893, il crée son fameux jardin d'eau avec l'étang aux nymphéas et le pont japonais – des occasions pour un nombre considérable de toiles parmi les plus significatives de son art.

Claude Monet a peint des séries normandes : en 1891, il expose une série de quinze toiles représentant des meules chez Durand-Ruel – elles sont toutes vendues dans les trois premiers jours; en 1892, une série de quinze *Peupliers au bord de l'Epte*; en 1895, vingt des vingt-huit toiles représentant la façade de la cathédrale de Rouen; en 1898, dix-huit *Matinées sur la Seine*, vingt-quatre toiles effectuées à Varengeville, Pourville et Fécamp; en 1899, il peint une série de *Nymphéas* avec le pont japonais; en 1900, l'allée de son jardin de Giverny. En 1903, il commence les *Nymphéas*. Vers 1922, la série de l'allée de rosiers à Giverny...

Son objectif? Toujours aussi peu représenter fidèlement que figurer subjectivement. Ainsi les toiles de la façade de la cathédrale de Rouen qui, pendant deux années, constituent autant d'occasions accessoires, sinon subalternes, de rendre l'essentiel : le mouvement de la lumière, la dialectique lumineuse, les effets de soleil, le jeu d'ombres, la couleur des ombres, la vibration chromatique comme invitation à saisir l'ineffable coloré, l'indicible chatoyant. Ce que veut Monet installé dans divers lieux qui donnent sur le monument, c'est moins peindre le portail ou la façade, la rosace ou l'horloge, la tour d'Albane ou la tour de Beurre, que capturer la métamorphose des clartés en fonction des moments de la journée et de la météorologie changeante non loin de la mer : aube et crépuscule, matin et après-midi, plein soleil et brouillard, temps gris et fin de matinées douces, roses matinaux, oranges de zénith, bleus de journée, gris de soirée, pâleurs et blancheurs de brouillards et de brumes. Monet peint parfois jusqu'à neuf toiles dans la même journée, passant de l'une à l'autre.

Dans l'œuvre de Claude Monet, je tiens *Matinée sur la Seine* (1897) pour une toile majeure parce que, dans l'ignorance du titre, on ne saurait imaginer le sujet peint par Monet tant l'impression produite par celui-là sur celui-ci fait exploser le cadre habituel de la figuration, de la représentation, du sujet. Seul le titre montre ce qu'il faut voir si l'on souhaite savoir ce qui a été peint ; à défaut de titre, en dehors du sujet, on ne voit plus que le comment de cette toile, la façon – la pure peinture.

Informé par le titre, on voit la ligne d'horizon, blanche, et la répartition de l'œuvre comme un pliage en deux parties égales : partie supérieure, le *motif*, autrement dit des arbres touffus, feuillus, une trouée dans la lumière masquée par le brouillard ; partie inférieure, le *reflet du motif*, la même chose, mais inversée, dupliquée par l'eau elle-même affectée par le brouillard. Eau de l'air, eau de l'eau, eau de la peinture, vaporisations partout et camaïeux de blancs et de verts pâles. Sur cette toile, quand on fait abstraction du titre, il n'y a plus de sujets – juste la matière de la peinture, autrement dit, une lumière païenne…

1882

En 1882, Claude Monet peint *Église de Varengeville, effet du matin,* une révolution picturale, certes, mais la même année, certains personnages fantasques jouent un jeu qui deviendra un jour sérieux et, sans en douter le moindrement, révolutionnent cette révolution qu'est l'impressionnisme. On nomme ces individus les « Incohérents » et ils incarnent entre 1882 et 1893 une avant-garde de la future avant-garde que seront dadaïstes, surréalistes, futuristes et autres révolutionnaires – dont plus tard un certain Marcel Duchamp, autre Normand, né près de Rouen en 1887.

En 1878, Émile Goudeau (« Goût d'eau » diraient d'aucuns...) crée un club des « Hydropathes » – autrement dit des ennemis de l'eau... Cette bohème littéraire et artistique parisienne mélange chahuts, brouhahas, pétards, feux d'artifice et lectures d'auteurs alors inconnus – Paul Bourget, Guy de Maupassant, Charles Cros... Quand leur prestation convainc, ils sont édités dans le journal du cercle, *L'Hydropathe.* Ces réunions peuvent rassembler jusqu'à trois cents personnes. En 1881, les Hydropathes mettent la clé sous la porte, mais d'autres groupes prennent la suite : les Zutistes, les Hirsutes, les Jemenfoutistes.

Puis les Incohérents emmenés par Jules Lévy, courtier chez Flammarion et qui, en 1882, veut

« faire une exposition de dessins exécutés par des gens qui ne savent pas dessiner »... Le 2 août de cette année, il organise, dans les décombres d'un immeuble soufflé par le gaz, une exposition avec tombola au profit des victimes. Quelques mois plus tard, le 1er octobre, il expose chez lui – deux mille personnes s'y précipitent... Les expositions se suivront, et avec elles les bals costumés extravagants, les performances les plus folles et, surtout, la production d'œuvres littéralement contemporaines au sens donné aujourd'hui par ce mot. Dans la préface au catalogue de 1884, Jules Lévy affirme : « Le sérieux, voilà l'ennemi de l'Incohérence. » La production artistique de cette avant-garde des avant-gardes contient en effet tout ce qui, après Duchamp, deviendra le fin du fin en matière d'art dit contemporain : jeux de mots, *ready-made*, monochromes, concerts de silence, peinture sur le cadre, révolution des supports et des subjectiles.

Parmi cette faune se trouve un Normand, Alphonse Allais, « né à Honfleur de parents français mais honnêtes; élève de l'École Anormale Inférieure » (selon ses propres termes...) qui expose en 1883 sa *Première communion de jeunes filles chlorotiques par un temps de neige*... L'œuvre sera suivie en 1884 par l'exhibition d'un chiffon rouge intitulé *Récolte de la tomate par des cardinaux apoplectiques au bord de la mer Rouge*. Cette façon de faire avait été inaugurée en 1882 lors de la première exposition des Incohérents par Paul Bilhaud avec son *Combat de nègres dans une cave pendant la nuit*, une planche publiée en 1897 par Alphonse Allais dans les vingt-huit pages de son *Album Primo-Avrilesque.*

En 1884, donc en plein XIXe siècle, Alphonse Allais, l'auteur du superbe mot « anthume », se dit « élève des maîtres du XXe siècle » ! Étrange prescience d'un siècle à venir qui lui donnerait raison, car quelle modernité a inventée notre modernité, sinon celle de transformer le jeu Incohérent en marchandise sérieuse pour un marché de l'art ravi par cette aubaine ! Jugez-en : bien avant Yves Klein en 1949, les monochromes dès 1882 ; bien avant John Cage et ses *4'33* de silence en 1952, le concert de silence avec une œuvre d'Alphonse Allais datant de 1897 intitulée *Marche funèbre composée pour les funérailles d'un grand homme sourd* et qui prend la forme d'une partition vierge de notes parce que « les grandes douleurs sont muettes » ; bien avant *L.H.O.O.Q.* et autres plaisanteries de Marcel Duchamp en 1917, les jeux de mots de *La Grammaire incohérente* de Béni-Etcoetera en 1886, dont « L'M.A.K.B » ou « L'A.E.OU.U »... ; bien avant *Porte-bouteilles*, le premier *ready-made* du même Duchamp en 1914, l'exposition de bretelles de la marque Tour Eiffel telles quelles à l'exposition de 1882 ; bien avant la révolution des supports initiée par Duchamp avec la faïence de sa *Fountain* (1917), ses élevages de poussières, les peintures sur pot de chambre, sur cervelas à l'ail, sur papier de verre, sur un cheval vivant même en 1889, les sculptures sur fromage, avec des légumes ; bien avant la *Merda d'artista* (1961) de Manzoni, l'usage de la salive pour réaliser des aquarelles ; bien avant, donc, les frasques de ladite avant-garde du XXe siècle, les Incohérents avaient déjà tout essayé.

Tout essayé, mais dans l'humour, la drôlerie, la dérision. Contre l'art sérieux et pontifiant, contre les Académies, les Incohérents ont créé des jurys tirés au sort, et les artistes distingués le sont selon le même principe aléatoire, ils ont distribué des médailles en chocolat, parodié les vernissages dans la bouffonnerie, le rire, la caricature, l'ironie, l'humour, inventé une rosette multicolore de l'Ordre des Incohérents jamais portée, bamboché dans des dîners bachiques et orgiaques. Puis ils ont sabordé le mouvement avant de disparaître dans la nature…

Épiphénomène, ou première secousse de l'art entendu comme gestion de la religion de la fin de l'art, les Incohérents persistent de façon dormante jusqu'au Rouennais Marcel Duchamp. La fin de siècle artistique voit la fin des possibilités de la lumière en peinture. C'est ainsi qu'il faut entendre ce moment esthétique qui déconstruit l'institution, l'académisme, la routine des salons, la peinture sérieuse, mais aussi qui veut dépasser l'impressionnisme autant que l'académisme. Ni Claude Monet, ni Jean-Léon Gérôme. Jules Lévy, l'instigateur des Incohérents, l'écrit clairement dans *Le Courrier français* du 12 mars 1885 : il veut un gai savoir français pour en finir avec l'ennui qui règne…

1896

Trois années après le sabordement des Incohérents, un jeune homme de trente ans est bouleversé par une peinture de Monet dans une exposition sur les impressionnistes français à Moscou : il s'agit de Kandinsky, interdit devant l'une des toiles de la série des *Meules*. Ces fameuses constructions paysannes normandes ont été peintes dans les années 1890. Comme la façade de la cathédrale de Rouen, les meules servent de prétexte à traquer les métamorphoses perpétuelles de la lumière sur cette forme paysanne traditionnelle.

La meule se présente comme un genre de maison ronde couverte d'un toit comme un chapeau. Posées dans le champ, elles accrochent la lumière à différents moments du jour : pastels de roses, de bleus, de violets au milieu du jour ; pâleurs, blancheurs et « effet d'hiver » sous le soleil qu'on imagine brûlant, dans l'incandescence d'une lumière aveuglante ; roses soutenus, violets insistants et feux orange dans le ciel, sinon, dans une autre toile, jaunes vifs, rouges brûlants, dégradés d'orange lors du « soleil couchant » ; nouvelles gammes de roses, de violets, de jaunes, de rouges lors du « déclin du jour » à l'automne… Monet fait disparaître le motif sous sa volonté désespérée de saisir les effets de la lumière sur les maisons de paille. Dès lors, toutes de matière peinte, elles cessent de ressembler à des meules pour n'être plus qu'une forme qui est une force, parce que figure géométrique destinée à servir de surface à la lumière du soleil.

Kandinsky ne s'y trouve pas qui voit dans la toile de la peinture pure – de la pure peinture, sans que la forme importe. Il écrit : « Ce qui s'en dégage clairement, c'est la puissance incroyable, inconnue pour moi, d'une palette qui dépassait tous mes rêves. La peinture m'apparut comme douée d'une puissance fabuleuse. Mais inconsciemment, l'*objet* employé dans l'œuvre en tant qu'élément indispensable perdit pour moi son importance. » Devant l'œuvre, il a l'intuition que la peinture peut exister sans motif, pour la seule peinture. Il ajoute : « C'était une meule de foin, selon le catalogue. Je ne l'avais pas reconnue. Et de ne pas la reconnaître me fut pénible […]. Je sentais confusément que l'objet faisait défaut »… Et puis : « Les objets étaient discrédités comme éléments essentiels de la peinture. » Monet discrédite donc le sujet et crédite la peinture d'une valeur nouvelle. Elle pourra dès lors, et les ultimes peintures de l'homme de Giverny en témoignent, économiser totalement le sujet pour se consacrer à la manière concrète de rendre visible sur une toile l'effet obtenu par la perception de l'artiste sur sa conscience.

Kandinsky tourne le dos au matérialisme hédoniste et païen de Monet qui aime les ciels, la nature, la mer, le vent, les fleurs, l'eau, le foin, la campagne, les arbres, la brume, le brouillard, les nénuphars, les bateaux, les jardins, les rivières, et, adepte de la théosophie, il demande à l'abstraction de figurer sur la toile les traces d'un arrière-monde peuplé de formes spirituelles. Son œuvre est faite de formes gratuites et de couleurs vives qui constituent un monde à part, un genre de féerie cosmique, de paysage sidéral.

Dans *Du spirituel dans l'art et dans la peinture en particulier* (le livre paraît en 1910, la même année que son premier travail abstrait, une aquarelle), Kandinsky déplore « l'écrasante oppression des doctrines matérialistes, qui ont fait de la vie de l'univers une vaine et détestable plaisanterie » et lui oppose… la lumière. « Une vacillante lumière brille à peine comme un minuscule petit point perdu dans l'énorme cercle du noir. Cette faible lumière n'est qu'un pressentiment que l'âme n'a pas le courage de soutenir ; elle se demande si ce n'est pas la lumière qui est le rêve, et le noir, la réalité. »

Russe, chrétien, orthodoxe, mystique, théosophe, occultiste, Kandinsky n'a plus aucun souci de la matérialité de la meule de Monet, tout converti qu'il est par la lumière de celle-ci et à sa lecture synesthésique du monde : le violet est un basson, la laque rouge un velours moelleux, le jaune une acidité, le rouge une flamme, du sang, les couleurs claires comme le jaune ou le vermillon attirent le regard, le jaune citron blesse les yeux et sonne comme une trompette, le bleu est céleste, il apaise et, selon ses degrés, rappelle la flûte, le violoncelle, la contrebasse ou l'orgue…

L'abstraction s'offre donc comme une voie ; la provocation ironique indique une autre issue. Le sérieux théosophique de Kandinsky ou l'ironie flamboyante et farcesque de Jules Lévy ? *Arrièreplan blanc* (1920), *Traits noirs* (1920), *Cercles dans cercles* (1923) de l'un ou la *Terre cuite (Pomme de)* exposée en 1884 par Alphonse Allais avec ce cartel : « Les pommes de terre cuites sont plus faciles à digérer que les pommes en terre cuite » ? Le spiritualisme occultiste de l'abstraction ou le banquet dionysiaque ? Platonisme de l'idée pure ou transvaluation nietzschéenne ?

1914

Duchamp écrit dans *À propos de moi-même* et plus particulièrement sur une œuvre de lui intitulée *Église de Blainville* : « Blainville est un village de Normandie où je suis né et ce tableau a été exécuté en 1902, alors que je n'avais que quinze ans.

J'allais encore au lycée de Rouen et deux de mes camarades commençaient également à peindre. Nous échangions nos points de vue sur l'impressionnisme qui constituait la révolution artistique de l'époque et sur laquelle on jetait encore l'anathème dans les écoles d'art officielles. Toutefois, mes contacts avec l'impressionnisme à cette époque précoce se résumaient à des reproductions et à des livres, puisque les premières expositions de peintures impressionnistes ne devaient être organisées à Rouen que beaucoup plus tard. Bien que l'on puisse qualifier d'"impressionniste" ce tableau, il n'accuse qu'une influence très discrète de Monet, mon impressionniste favori du moment. »

Son *Portrait de Marcel Lefrançois* peint vers 1904 montre selon lui une réaction à l'impressionnisme par une réactivation de techniques de peinture renaissantes. Son passage à Paris à l'Académie Julian, école d'art privée, n'a produit chez lui qu'un mépris de la formation académique. Cézanne le guérit de l'impressionnisme en 1909 et 1910. Les Fauves le guérissent à leur tour de Cézanne. Et les cubistes des Fauves. Avec le cubisme, Duchamp revendique l'abandon des couleurs violentes au profit des tonalités atténuées du *Portrait de joueurs d'échecs* : « Ce tableau fut peint à la lumière du gaz pour obtenir cet effet d'atténuation lorsqu'on le regarde au jour. » Lumière au gaz contre lumière naturelle, l'artifice contre la nature... Futuriste avec le *Nu descendant un escalier n° 2*, Duchamp revendique moins cette affiliation avec le courant de Marinetti que « la peinture cinétique » qu'il abandonne au profit d'« une forme d'expression totalement divorcée du réalisme absolu » totalement dissociée des courants esthétiques passés et présents – le projet du *Grand Verre*.

Fini l'impressionnisme, Cézanne, le cubisme, le futurisme, la peinture cinétique, Marcel Duchamp commence une carrière subjective, individuelle, personnelle avec laquelle, héritier de tous ceux qu'il nomme et dépasse, il révolutionne le XXᵉ siècle. Or cette révolution semble un écho très clair de ce que nous pourrions nommer aujourd'hui les *Performances des Incohérents* : le nom de Duchamp reste en effet associé au *ready-made* dont la première formule, *Porte-bouteilles*, date de 1914. Impossible de nier que cet objet soit l'enfant naturel des bretelles de marque Tour Eiffel exposées en 1882 à la première exposition de Jules Lévy et de ses amis.

Duchamp ne signale jamais cette avant-garde de la bohème de la fin du XIXᵉ siècle qu'il connaît pourtant. Une exposition d'Incohérents avait eu lieu à Rouen en 1884 – mais c'était trois ans avant sa naissance... C'est à Montmartre qu'il prend connaissance de l'esprit fumiste resté vivace sur la Butte. Chez son frère, dans les bars, Duchamp rencontre quelques anciens de cette odyssée fantasque. Puis il prend connaissance des catalogues de ces expositions. Judith Housez écrit dans

Marcel Duchamp : « Du Salon des Incohérents, Marcel Duchamp, comme personne dans sa génération, s'était approprié l'héritage. »

Ce contre-salon répondait à la floraison de salons officiels. Séduit par les salons d'artistes en Angleterre où il a vécu en exil, Napoléon III crée un Salon des artistes français en 1855 sur les Champs-Élysées – le Grand Palais aujourd'hui. Au cours de ce salon, l'Empire désigne ses artistes officiels, passe les commandes publiques, fait la loi artistique. Les tableaux refusés par ce salon sont exposés au... Salon des refusés. Un salon sans jury et sans prix est créé en 1884 : le Salon de la Société des artistes indépendants, autrement dit, le Salon des Indépendants. Une Société nationale des Beaux-Arts naît en 1891, puis un Salon d'Automne en 1903...

L'abondance de salons a détruit l'esprit des salons. Cet antisalon devient le salon par excellence. Contre l'art officiel, bourgeois, contre l'art académique, institutionnel, contre l'art d'État et contre l'art qui est contre l'art d'État, les Incohérents proposent leur délire entre 1882 et 1893. En dix années d'existence, des milliers d'œuvres ont été présentées à des foules considérables – et rien ne reste de concret dans l'histoire de l'art de ce happening d'une décennie... Mais jamais, au grand jamais, Jules Lévy n'a voulu présenter son délire comme un courant de l'art. L'esprit de sérieux était le cadet de ses soucis. D'où la volatilisation de ces œuvres et leur seule survie sous forme de traces livresques. Duchamp hérite d'un musée sans œuvres, il en fera une œuvre pour le musée.

Les Incohérents ont donc inventé le jeu de mots, le calembour illustré, la peinture sans toile, la révolution des supports, le monochrome, le *ready-made*, les concerts de silence, le titre faisant l'œuvre, et l'on pourrait montrer combien, pièce par pièce, cette avant-garde ludique et joyeuse qui ne se présente pas comme une avant-garde deviendra avec Duchamp une avant-garde cérébrale et sérieuse qui se présentera comme une avant-garde… L'histoire de l'art souscrit à la thèse d'un Duchamp revendiquant le canular – *canulart*… –, une conversation rapportée par le peintre Valerio Adami qui fut son ami, joua aux échecs avec lui, permet de conclure que Duchamp (se) prenait au sérieux dans cette aventure…

L'homme qui congédia la lumière normande et naturelle de Varengeville au profit de la lumière artificielle à gaz de son atelier parisien conjura finalement toute lumière au profit d'une pure cérébralité tout entière issue de l'activité notariale de son père : la profession paternelle qui produit des actes performatifs (par ce papier, ce bien devient propriété de tel ou tel) se poursuit à travers l'activité filiale qui révolutionne l'histoire de l'art. L'artiste dit l'art et sa parole crée l'œuvre tout comme la signature de l'acte notarié crée la propriété. Ainsi, en 1914, cette décision d'artiste par laquelle un *Porte-bouteilles* acheté dans un magasin devient l'œuvre d'art que l'on sait et le premier *ready-made* de l'histoire de l'art officiel.

*

Pourquoi et comment ce qui fut délire de joyeux drilles est-il devenu avant-garde esthétique du XXe siècle ? De quelle manière ce qui fut un grand rire rabelaisien de la bohème parisienne est-il devenu le rictus sacré de la religion de l'art ? La Première Guerre mondiale fut une boucherie sans nom, nul ne l'ignore. Elle fit une saignée de millions de morts dans une même génération. Elle a manifesté les pleins pouvoirs du nihilisme et de la mort. Elle a signifié concrètement la mort de Dieu, la mort de l'homme, la mort du sens, la mort de la morale et, dans le même temps, l'avènement du néant, des ténèbres, du pessimisme. Et puis il y eut une Seconde Guerre mondiale… Ce rire vivant des Incohérents est devenu rire mort des avant-gardes qui firent du délire d'artistes d'hier le sérieux esthétique de leur temps.

Jules Lévy meurt en 1935. Autrement dit, il a eu le temps de voir disparaître Alphonse Allais et Claude Monet, puis d'assister aux révolutions de tel ou tel, Kandinsky et l'abstraction, Tzara et les dadaïstes, Breton et les surréalistes, Marinetti et les futuristes, puis de toutes les avant-gardes produisant leurs effets dans cette partie du siècle. Il ne dira rien, ne revendiquera rien, n'exigera pas d'argent, de reconnaissance, de droits d'auteur, il ne récriminera pas, ne s'insurgera pas, ne se manifestera pas pour réclamer sa part. Rattrapé par son âge, mais quarante-deux ans c'est tout de même tôt, l'incohérent, mais cette fois-ci sans majuscule, devient en 1899 membre de la Société des gens de lettres – loi du genre…

L'histoire est dialectique. L'histoire de l'art aussi, bien évidemment. Les métamorphoses de la lumière, puis cette promenade normande dans les avant-gardes successives, montrent que la photographie oblige les peintres à ne plus se soucier de ce qu'ils avaient jadis à représenter au profit de l'impression que les objets produisaient sur eux, que l'impressionnisme porté à son point d'incandescence produit la peinture abstraite, que l'abstraction ne saurait évoluer ailleurs que vers la raréfaction de tout, ce qui constitue une impasse esthétique, que, dans ce voyage en absurdie, les Incohérents prennent date dans le fou rire, que, sur le vieux principe en vertu duquel c'est proprement philosopher que se moquer de la philosophie, les jeux d'hier deviennent le sérieux d'aujourd'hui – mais avec le sérieux d'aujourd'hui, que faire ?

Le Normand Duchamp nous donne la solution. Pour qui sait lire, elle est visible dans l'un de ses propos sur… la photographie ! Retour à la case départ… À l'entrée «photographie» de l'*Alpha (B/CRI) tique*, Duchamp reproduit une lettre envoyée à Alfred Stieglitz en décembre 1922 : «Vous connaissez exactement mon sentiment à l'égard de la photographie. J'aimerais la voir conduire les gens au mépris de la peinture jusqu'à ce que quelque chose d'autre rende la photographie insupportable. Et voilà.» À quoi l'on pourrait ajouter avant que quelque chose d'autre encore ne rende insupportable ce qui se proposait en son temps de dépasser l'insupportable. De sorte que, malin, Duchamp triomphe quoi qu'il en soit. On est fidèle en lui étant fidèle, mais on lui est également fidèle en le dépassant. Pour l'instant, les fidèles ne le sont que dans la vénération. L'«anartiste» Duchamp n'aurait pas aimé…

4.

Célébration de l'Algérie. Si, d'une certaine manière, le XXe siècle fut bien celui de Sartre, c'est que l'auteur de *La Nausée* avait décidé qu'il en serait ainsi et qu'il ne s'est rien interdit pour parvenir à ses fins. Dans sa stratégie pour conquérir le pouvoir intellectuel en France et assurer sa domination, il ne recula devant rien. La fortune libéra Sartre de concurrences qui auraient été terribles : Nizan lui simplifia la vie en mourant au combat à Dunkerque en 1940, Politzer fit de même en résistant dès 1940 et en succombant sous les balles nazies au mont Valérien en 1942. Camus eut finalement le bon goût de disparaître dans un accident de voiture en 1960 et Merleau-Ponty de succomber à un infarctus l'année suivante. Quant à Raymond Aron, il comptait pour rien puisqu'il avait rejoint le camp de la droite. Un boulevard s'ouvrait alors pour l'impétrant…

Camus fut un adversaire philosophique terrible et Sartre a lâché les chiens contre lui. Sartre n'a rien compris à la politique : il n'a rien vu de la montée du nazisme, bien que vivant en Allemagne ; en 1933, il profite d'une offre faite par les fascistes italiens pour partir en vacances en compagnie de Beauvoir avec des billets à prix réduits ; il passe à côté de la Résistance ; il publie dans *Comœdia*, un journal collaborationniste, en 1941 et en 1944 ; il pistonne Beauvoir à Radio-Vichy où elle travaille, etc.

Pendant ce temps, Camus souhaite s'engager dans les troupes françaises dès 1939 – on le refuse à cause de sa tuberculose. À Oran, il donne des cours à des enfants juifs interdits de scolarité par le régime de Vichy. Il entre dans la Résistance, publie dans des revues clandestines, dirige un journal interdit, y écrit des articles. On comprend qu'après guerre, ce trajet impeccable puisse gêner Sartre dans son entreprise de domination du champ intellectuel parisien – donc français.

La déconsidération du travail et des idées de Camus sera donc la règle. Sartre et les siens fournissent l'argumentaire : incapable de comprendre les philosophes, Camus serait un lecteur de seconde main, un penseur de la droite et de la bourgeoisie, le porteur d'eau des petits Blancs et des pieds-noirs. Dès lors, il devient un « philosophe pour classes terminales » selon l'expression de Jean-Jacques Brochier, un pamphlétaire plus spécialiste en gibier, chasse, tabac et vins de Bourgogne qu'en phénoménologie. Le même

Brochier en fait un pétainiste (BHL lui emboîte le pas dans son *Siècle de Sartre*, Grasset, 2000, pages, 420-421) ou un disciple du contre-révolutionnaire catholique Joseph de Maistre !

Ce qu'il est convenu d'appeler la « guerre d'Algérie » va fournir à Sartre et aux siens l'occasion de la déconsidération la plus brutale. L'homme des *Mains sales* qui est passé à côté de l'Histoire entend bien ne pas la manquer cette fois-ci. Il suffit donc de reporter le schéma Occupation / Collaboration / Résistance / Libération / Épuration sur les événements algériens pour devenir résistant à peu de frais. Les nazis occupaient la France ? Comme les Français occupent l'Algérie… Certains Français collaboraient avec l'ennemi ? Comme les Blancs collaborent avec le régime colonial. D'autres résistaient ? Comme les militants du FLN… Paris s'est trouvé un jour libéré de la tyrannie de l'occupant ? Comme Alger le sera de la tyrannie française… Dès lors l'équation *Français en Algérie* égale *nazis en France* devient un concept opératoire à Saint-Germain-des-Prés. Sartre fut donc le Jean Moulin de l'Algérie ; Camus, son Brasillach. CQFD !

L'École normale supérieure habitue à négliger le réel au profit des idées, des concepts, des abstractions dont elle jouit sans retenue. Elle formate ses petits soldats à jongler avec les mots sans se soucier des effets concrets induits. L'armée française assimilée aux SS du national-socialisme, voilà qui permettait un bel effet sophistique et rhétorique – mais c'était une erreur morale en même temps qu'une faute historique. La légende était créée. Nous en sommes toujours là.

*

Personne n'a autant aimé l'Algérie qu'Albert Camus dont c'était la terre natale. C'était aussi celle de sa famille depuis 1830. Il n'a jamais soutenu le régime colonial, il l'a même clairement attaqué à l'époque où Sartre ignore qu'il existe ! En 1935, à Alger, il entre au Parti communiste pour rester fidèle à son milieu, mais aussi parce qu'à l'époque, le PC campe sur une ligne anticolonialiste, antifasciste et antimilitariste. Lorsque, pour des raisons stratégiques, le PCF change de ligne et remise l'anticolonialisme au nom de l'antifascisme, Camus, fidèle à ses idées, quitte un PC infidèle à sa ligne. Nous sommes en 1937.

Cette même année, il soutient la cause arabe en apportant son soutien au projet Blum-Viollette issu du Front populaire. Ce projet propose aux populations musulmanes algériennes une égalité citoyenne avec les Français du continent. Camus le défend et travaille à *Alger républicain*, un journal créé pour défendre ce combat. Il tient la rubrique judiciaire, rend compte de procès dans lesquels l'horreur colonialiste occupe une place majeure, et prend sans cesse le parti des ouvriers, des travailleurs, des employés, des victimes du système colonial. Il critique ouvertement le Code de l'indigénat dans un texte intitulé *Contre l'impérialisme* le 25 avril 1939.

En même temps qu'il gagne sa vie comme journaliste, il crée le théâtre du Travail en 1936, puis le théâtre de l'Équipe : il y écrit avec ses amis *Révolte dans les Asturies*, une pièce célébrant la révolution libertaire espagnole et critiquant le régime franquiste. Il souhaite mettre à disposition du petit peuple algérois les grands textes du répertoire classique. Il dira plus tard avoir appris l'essentiel de ce qu'il sait sur les planches de ce théâtre – ainsi que sur l'herbe du terrain de foot algérois du RUA.

Lors de l'inauguration de la Maison de la culture, il tient un discours qui donne à l'Algérie une place culturelle que personne ne lui a jamais donnée – et que personne ne lui a donnée depuis. Camus pense en effet qu'en matière d'histoire universelle, l'Algérie peut fournir un remède au nihilisme de l'époque. En nietzschéen qu'il est, il souscrit au diagnostic posé par le philosophe allemand d'un nihilisme européen et il propose un remède algérien. Voilà sa première célébration de l'Algérie – elle est massive.

Il faut lire *La Culture indigène. La nouvelle culture méditerranéenne.* Ce texte sert à une allocution le 8 février 1937. Que dit Camus ? Que la grandeur de cette culture n'est plus à démontrer et qu'elle doit vivifier une Europe fatiguée. Camus prend soin de récuser un nationalisme du soleil tel que Maurras le défend. Il veut que le dionysisme algérien contrarie l'apollinisme européen, autrement dit, que le goût de la vie, de la nature, du soleil, de la mer, du plaisir à être qui caractérisent la Méditerranée en général, et l'Algérie en particulier, abolisse le goût de la mort, la passion pour l'intellectualisme, le tropisme de la cérébralisation chers aux Européens. Camus veut un Nietzsche solaire contre un Hegel nocturne, il sait que l'Algérie est la patrie de ce Nietzsche solaire. *Noces à Tipasa* constitue le manifeste de cette pensée hédoniste, solaire, nietzschéenne. « Tipasa » y apparaît comme un concept en même temps qu'un personnage conceptuel.

Camus propose une deuxième célébration de l'Algérie et met son pays à nouveau au centre d'une révolution politique possible. En 1939, il publie une série d'articles dans *Alger républicain* sous le titre « Misère dans la Kabylie ». Il dénonce la surpopulation, la misère, le froid, la faim, l'exploitation, la mortalité infantile, le chômage, les salaires misérables, le temps de travail, l'illettrisme, l'esclavage, le travail des enfants... Il écrit que ce régime « est un régime colonial » – il l'accable.

Camus ne se contente pas d'être négatif. Il propose également une issue, le « douar-commune », autrement dit, une formule du communalisme libertaire. La solution ne viendra pas des Européens, fussent-ils indépendantistes, mais des Kabyles eux-mêmes : le pouvoir ne tombe pas du ciel d'un État jacobin indépendant, mais il monte de la terre pragmatique sur le mode girondin. Camus propose l'autogestion des Kabyles par eux-mêmes, pour eux-mêmes. Le douar-commune est l'émanation de la volonté des gens du village qui éliront leurs représentants à la proportionnelle. Le président révocable sera élu par son conseil. Ces « douars-communes » devront se fédérer. Camus propose une solution proudhonienne qui réactive la coopération, la mutualisation, la fédération contre le pouvoir centralisateur hérité de 1793 – le modèle de Sartre. Ce qu'il veut ? « Une petite république fédérative inspirée des principes d'une démocratie vraiment profonde. »

En matière de philosophie politique, les intellectuels parisiens veulent bien s'inspirer de la cité-État grecque ou de l'État prussien hégélien, mais sûrement pas du douar-commune algérien. À la Maison de la culture d'Alger, Camus théorise l'idée d'une Algérie qui fournirait des lumières à l'Europe nihiliste ; en écrivant « Misère dans la Kabylie », il va plus loin et expose le mode d'emploi concret de cette philosophie des Lumières, le douar-commune. Voilà comment le génie politique algérien peut sauver la vieille Europe décadente. La santé libertaire du douar-commune devrait agir en antidote à la maladie jacobine du tout-État. Les Kabyles, écrit Camus, doivent « donner des leçons de sagesse aux conquérants inquiets que nous sommes ».

Camus défend la même idée lors des événements d'Algérie. Cette troisième célébration de l'Algérie récuse l'enfermement sartrien. Loin d'Alger, à Saint-Germain-des-Prés, Sartre pense les choses en termes binaires : les Blancs sont tous colons, exploiteurs, esclavagistes, fascistes, dominateurs ; les musulmans, tous colonisés, exploités, esclaves, martyrs, dominés. D'un côté les bourreaux ; de l'autre les victimes. Ici, les salauds ; là les héros. Ne pas choisir le camp de l'un c'est faire partie du camp de l'autre. Sur le papier, la chose est terrible ; dans les faits, cette fiction conceptuelle entraîne des massacres sans nom de part et d'autre.

Parce qu'il connaît l'Algérie et que son père, blanc, était ouvrier agricole et sa mère, blanche, femme de ménage, tous deux exploités par les colons richissimes, arrogants et suffisants, il sait que le problème est plus complexe que ne l'imagine l'intellectuel dans son bureau parisien. Le colonialisme est à abattre, pas les Blancs parce qu'ils sont blancs. L'origine européenne n'a pas à être pensée comme un péché originel que les descendants devraient expier éternellement : Camus n'a pas choisi, voulu, décidé, contribué à la colonisation de l'Algérie. Et, la plupart du temps, les colons furent, le sait-on ?, des pauvres, des miséreux, des quarante-huitards exilés par le pouvoir parisien, des orphelins ou des mendiants récupérés par la police qui remplissaient les bateaux de ces émigrés n'ayant rien du conquérant tel qu'on le représente dans les romans…

Camus écrit que « Quatre-vingt-quinze pour cent des Français d'Algérie ne sont pas des colons, mais des salariés ou des commerçants » – mais à Paris, dans les salons, on n'a que faire de l'histoire, de la sociologie et de la vérité, on déclare de façon péremptoire que le Blanc essentialisé est l'ennemi à abattre et à égorger comme y invite Sartre dans sa préface aux *Damnés de la terre*.

Camus reconnaît les torts des gouvernements français successifs : ce sont moins les Français comme tels que les gouvernements français qui, depuis des années, n'entendent pas les souffrances algériennes pourtant dénoncées par ses soins depuis vingt années qu'il publie dans la presse. La France est coupable d'avoir sabordé le projet Blum-Viollette ; la France est coupable d'avoir fait la sourde oreille aux cris de misère et de pauvreté venus d'Algérie ; la France est coupable de la répression de Sétif ; la France est coupable d'avoir censuré la presse sur ces massacres dans le Constantinois ; la France est coupable d'avoir profité de l'économie de ces territoires d'outre-mer ; la France est coupable d'avoir entretenu un régime à deux vitesses de citoyenneté en Algérie ; la France est coupable de n'avoir pas investi dans des écoles dans les endroits les plus inaccessibles de l'Algérie ; la France est coupable d'avoir considéré les ouvriers immigrés venus si souvent de Kabylie comme des esclaves ; la France est coupable d'avoir fait fonctionner une justice de classe sur la terre algérienne ; la France est coupable d'avoir oublié que, à trois reprises en trente années, les Algériens ont combattu aux côtés des soldats de la métropole – 14-18, 39-45 et Indochine –, voilà pourquoi « une grande, une éclatante réparation doit être faite, selon moi, écrit-il, au peuple arabe. Mais par la France tout entière et non avec le seul sang des Français d'Algérie ». Dans *L'Express* du 21 octobre 1955, Camus parle du « juste procès fait chez nous à la politique de colonisation. » C'était clair...

L'Algérie, à cette époque, c'est dix millions d'habitants ; neuf millions d'Arabes musulmans, un million d'Européens. Mais c'est surtout une mosaïque de langues, de peuples, de nations, de religions. Des Kabyles, des Mozabites, des Berbères, des Touaregs, des Grecs, des Turcs, des Espagnols, des Méditerranéens, des juifs, des chrétiens, des musulmans, des animistes, une trentaine de langues – voilà le cosmopolitisme de ce peuple n'ayant jamais fait nation. Camus conclut : « Nous sommes condamnés à vivre ensemble. » Dès lors, que faire ?

D'abord, *négativement*, refuser toute solution violente. Contrairement à ce qui s'est écrit chez les sartriens, Camus n'a pas refusé de critiquer la torture pratiquée par l'armée française. Dans *Actuelles III*, il écrit : « Celle-ci a peut-être permis de retrouver trente bombes au prix d'un certain honneur, mais elle a suscité du même coup cinquante terroristes nouveaux qui, opérant autrement et ailleurs, feront mourir plus d'innocents encore. » Pouvait-il être plus clair ? En face, Sartre et les siens critiquaient la torture, bien sûr, mais uniquement quand elle était pratiquée par la soldatesque du continent : l'égorgement, la mutilation, la torture pratiqués par le FLN n'étaient pas critiqués, mais célébrés, entretenus, présentés comme légitimes, justes, éthiques même puisque politiquement inscrits dans le sens de l'histoire !

Au contraire de Sartre, Camus n'eut jamais d'indignations sélectives en célébrant les assassinats, les morts, les bombes, les camps, pourvu que cette négativité se répande au nom du marxisme. Sur la question algérienne, il a critiqué le massacre des Européens de Sétif *et* la terrible répression gaulliste des populations algériennes, il a récusé la torture pratiquée par les généraux français *et* la barbarie de la guérilla du FLN, il a renvoyé dos à dos l'usage de la gégène tricolore *et* la pose des bombes dans les cafés pour tuer des enfants et des innocents, il a condamné l'usage de l'arsenal militaire continental contre les civils *et* les égorgements de masse, à Melouza par exemple, un Oradour-sur-Glane où le Front de libération national a massacré plus de trois cents personnes, soit tout un village coupable de sympathie pour un autre mouvement indépendantiste algérien, le Mouvement national algérien – en Algérie, la seule opposition entre FLN et MNA fera 10 000 morts, des musulmans bien sûr, le terrorisme fera quant à lui 20 000 morts…

Camus joue son rôle de philosophe qui est d'éviter les guerres, le sang versé, le terrorisme, les victimes innocentes, le meurtre des enfants, des femmes et des vieillards – Sartre pense quant à lui qu'on peut légitimer la mort des autres au nom de ses idées à partir de son bureau à Saint-Germain-des-Prés… Camus a œuvré pour la paix, ouvertement en écrivant pour elle, en appelant à une trêve civile le 22 janvier 1956, en se rendant sur place, au mépris des risques encourus pour sa vie ; mais aussi secrètement, discrètement. Le farouche opposant à la peine de mort qu'il est a défendu près de cent cinquante dossiers de militants du FLN (qui recouraient au terrorisme) pour leur éviter la peine de mort – un certain garde des Sceaux de l'époque refusait les grâces, il s'appelait François Mitterrand.

Mais on a oublié que Camus a également œuvré *positivement* dans cette période de sa vie en proposant des solutions politiques très concrètes pour sortir de cette terrible épreuve. Il suffisait de le lire. *Actuelles III* rassemble tous les textes de cette positivité libertaire. À la sortie de la guerre, Camus, socialiste libertaire, souhaite la fin des nations, l'abolition des frontières, une fédération de pays en Europe, puis un parlement mondial obtenu par des élections mondiales susceptible de rendre possible un gouvernement mondial. Cette solution fédéraliste, il la détaille dans le premier volume d'*Actuelles*. C'est celle qu'il propose pour sortir de la guerre en Algérie.

Avant-guerre, il proposait une solution communaliste libertaire avec le douar-commune et leur fédération ; après-guerre, il veut la fin des nations et la réalisation d'un monde gouverné par la base ; pendant la guerre d'Algérie – une guerre civile entre Français, selon lui –, il désire qu'on en finisse avec le modèle jacobin, centralisateur, nationaliste hérité de Robespierre et qui est celui des marxistes-léninistes – donc de Sartre. Il aspire à réhabiliter la formule girondine des provinces, des parlements qui conservent les spécificités linguistiques, régionales, les identités diverses sans désir de les écraser sous le rouleau compresseur centralisateur. La solution sartrienne pour l'Algérie, celle du FLN aussi, donc, procède d'un schéma robespierriste caduc. Camus écrit : « En Afrique du Nord comme en France, nous avons à inventer de nouvelles formules et à rajeunir nos méthodes si nous voulons que l'avenir ait un sens pour nous. »

Et cette formule, c'est le fédéralisme de type proudhonien qui permet à chacun, quelles que soient son origine, sa religion, sa couleur de peau, sa langue, de vivre *avec* son voisin – et non *contre* lui... Camus donne les lignes de force de ce projet politique avec des détails sur les modalités de l'élection, le fonctionnement des chambres, la répartition des pouvoirs : elles constituaient un canevas à partir duquel, fidèle à son souhait de jeunesse, l'Algérie pourrait, fédérée avec la France, constituer d'autres fédérations. À partir de l'Algérie, par capillarité, via la métropole, puis le Maghreb et l'Afrique, puis l'Europe fédérée et fédérale, Camus boucle son projet politique : un monde sans frontières nationales et nationalistes, mais avec des contrats, des fédérations, des coopérations, des mutualisations – tout l'arsenal proudhonien...

De part et d'autre, les belligérants entretenaient la violence la plus déchaînée. Camus décida de se taire après avoir constaté que sa formule pacifique et antiautoritaire n'avait plus aucune chance de succès. On connaît l'histoire de l'étudiant qui, lors des manifestations afférentes au prix Nobel, provoqua Camus en lui reprochant de ne rien faire pour l'Algérie – c'était mal connaître son trajet intellectuel depuis 1935... Il répond que son silence n'était pas renoncement, qu'il agit discrètement mais n'a pas à le faire savoir, qu'il répugne à donner ce genre de détail, qu'il condamne le terrorisme aveugle déchaîné dans les rues d'Alger où vit sa mère qui emprunte tous les jours des trajets sur lesquels des bombes peuvent exploser. Puis il conclut : « Je crois à la justice, mais je défendrai ma mère avant la justice. »

Bien sûr, il fallait entendre qu'entre la justice révolutionnaire qui, sur le principe hégélien, réalise ici et maintenant l'injustice sous prétexte de précipiter l'avènement de la justice demain, et sa mère, qui pouvait faire les frais des délires dialectiques du FLN, il choisissait la justice qui n'a pas besoin de l'injustice pour se réaliser. Mais l'occasion était trop bonne de faire payer à cet homme au trajet impeccable, ses succès, sa réussite, sa droiture. Beuve-Méry, le patron du journal *Le Monde*, qui fut vichyste, s'écrie : « J'étais tout à fait certain que Camus dirait des conneries. »

Dès lors, Camus, qui a passé sa vie à combattre pour la justice, va se faire détruire : pour la presse déchaînée, Camus serait insoucieux de la justice et tout à la défense des petits Blancs d'Algérie, une thèse que Beauvoir reprend dans *La Force des choses*, l'un de ses volumes de *Mémoires*, le lieu de fabrication par excellence de la légende sartrienne. Devant le tollé des lecteurs, le journal demande un entretien, un rectificatif. Camus refuse de manquer à sa parole : il avait dit qu'il se tairait sur ce sujet, il veut continuer à se taire. L'excellence entière de sa vie fut foulée au pied, l'occasion était trop belle pour les médiocres qui font l'opinion.

Épilogue : l'Algérie fut indépendante, on le sait, en 1962. Dans la foulée, il y eut entre 100 000 et 150 000 harkis assassinés, torturés, massacrés, enterrés dans des fosses communes. Un million d'Européens ont dû tout abandonner pour découvrir un continent qu'ils ne connaissaient pas. La guerre a fait 300 000 morts ; 20 000 civils européens et algériens ont été tués. Quantités négligeables pour un hégélien de Saint-Germain-des-Prés puisque c'était le prix à payer pour que l'Histoire se réalise ! Camus ne le voyait pas de cet œil, car il était économe du sang des autres et ne fut pas un philosophe va-t-en-guerre comme Sartre le fut en inaugurant une tradition encore vivace aujourd'hui à Paris.

Plus tard, le jeune homme de Stockholm ayant agressé Camus a lu ses livres et a été subjugué par leur justesse. Il a souhaité le rencontrer : il ne put que porter des fleurs au cimetière de Lourmarin où Camus avait été enterré début janvier 1960.

Un régime s'installa qui fit écrire à Simone de Beauvoir dans *Tout compte fait*, dix ans plus tard, en 1972, qu'il n'était pas ce que Sartre et les siens avaient attendu : chômage, misère, pauvreté, exil, immigration, capitalisme d'État, retour « aux valeurs arabo-islamiques », politique nataliste, déplorable condition de la femme, régression de l'éducation des filles à cause de la tradition musulmane, port du voile, confinement dans le foyer du père ou du mari choisi par la famille, politique intérieure nationaliste et réactionnaire… Il aurait suffi de lire Camus pour savoir que la solution sartrienne conduirait à ce genre d'impasse, il n'avait pas caché que le panarabisme ne manquerait pas de suivre l'indépendance et que l'islam y jouerait un rôle majeur. On parle aujourd'hui de 500 000 morts en Algérie dans la décennie des années 1990…

Qui aura le plus et le mieux aimé l'Algérie et les Algériens que Camus qui, dès les années 1930, voulait faire de ce pays un modèle libertaire, solaire, dionysiaque, joyeux, pour une Europe qui en aurait été revivifiée et qui aurait, à son tour, porté haut les valeurs de la vie ? Camus pensait Alger comme une source de vie dans un monde nihiliste voué à la pulsion de mort : il souhaitait que la grande santé algérienne guérisse le vieux monde épuisé – mais c'est le vieux monde qui a épuisé l'Algérie. L'idée camusienne reste d'actualité : l'Algérie peut encore vouloir la vie dans un monde qui l'aime si peu. Tipasa peut encore donner des leçons. Qui sait ?

5.

La parapsychologie freudienne. Freud publie en 1915 un ouvrage intitulé *Métapsychologie.* À l'origine, ce livre devait regrouper douze essais mais Freud a réduit son envergure pour réunir sous ce titre cinq articles seulement. Le mot métapsychologie est un néologisme de son fait. On le trouve publié sous sa plume pour la première fois dans le douzième chapitre de sa *Psychopathologie de la vie quotidienne.* Mais la correspondance avec Fliess donne une date véritable à l'apparition de ce terme : le 13 février 1896. Il écrit : « La psychologie – à vrai dire *méta*psychologie [*sic*] – m'occupe sans relâche. » Au même, il parle ainsi de métapsychologie : « mon enfant idéal, l'enfant de mes peines » (17 décembre 1896). Puis, sur l'épithète *métapsychique* : « Je vais te demander sérieusement si je peux utiliser le nom de métapsychologie pour ma psychologie qui mène derrière la conscience » (10 mars 1898). Dans *Psychopathologie de la vie quotidienne,* métapsychologie signifie tout simplement

« psychologie de l'inconscient » et dans la section intitulée « L'inconscient » de *Métapsychologie* : « le mode de conception qui est l'accomplissement de la recherche psychanalytique ».

Dans *L'Analyse avec fin et l'analyse sans fin*, Freud s'interroge sur la possibilité de liquider une revendication pulsionnelle – et conclut négativement. Dompter en revanche, oui ; abolir, non. Le patient doit donc vivre avec... De quelle façon s'agencent alors les pulsions et le moi ? Réponse de Freud : « "Il faut donc bien que la sorcière s'en mêle." Entendez : la sorcière métapsychologique. Sans spéculer ni théoriser – pour un peu j'aurais dit fantasmer – métapsychologiquement, on n'avance pas ici d'un pas. Malheureusement les informations de la sorcière ne sont cette fois encore ni très claires ni très explicites »...

Dans le *Vocabulaire de la psychanalyse* de Laplanche et Pontalis qui fait autorité, à l'entrée *métapsychologie* on peut lire : « Terme créé par Freud pour désigner la psychologie qu'il a fondée, considérée dans sa dimension la plus théorique. La métapsychologie élabore un ensemble de modèles conceptuels plus ou moins distants de l'expérience tels que la fiction d'un appareil psychique divisé en instances, la théorie des pulsions, le processus du refoulement, etc. » Gros poisson conceptuel donc...

Ces informations permettent de conclure qu'en forgeant ce mot et en ayant recours au préfixe grec *méta*, Freud renvoie bien à ce qui se trouverait *derrière* la psyché – ou *au-delà*. Mais comment utiliser une métaphore spatiale pour parler d'un immatériel ? Disons-le autrement : qu'est-ce qui se situe derrière ce qui n'est pas situé puisque non situable ? Du moins selon Freud puisque son psychisme récuse toute matérialité.

Chacun connaît l'anecdote : vers 60 avant l'ère commune, Andronicos de Rhodes, onzième successeur d'Aristote, classe thématiquement l'œuvre complète de son maître qui a abordé tous les sujets : l'histoire des animaux et la théorie du ciel, la politique et l'éthique, la logique et la poétique, la physique et la rhétorique, etc. Une fois l'ensemble de la production rangée, reste un texte inclassable et inclassé qu'il installe *après* la physique – *méta physis*. La *métaphysique* était née. Du moins le mot puisque la chose lui préexiste toujours – un mot connu sous cette forme au VIe siècle seulement avec le catalogue d'Hésichius.

Simplicius ou Asclépius théorisent la chose en expliquant que, logiquement, et non par un effet de classement problématique, Aristote ayant traité des choses physiques, il était normal qu'il envisage la question des essences, du pensable non mû, autrement dit de la philosophie première, du registre de la cause incausée, ce qui conduit évidemment aux principes, puis au principe – donc à Dieu… Après la physique, donc la nature, la métaphysique, la cause de la nature.

Au-delà de la petite histoire, retenons que la métaphysique nomme la discipline qui suit immédiatement la physique, la science de la nature. Derrière la nature, il y aurait donc autre chose, un au-delà, un arrière-monde, dirait Nietzsche. Et l'on sait que ces arrière-mondes sont de la même matière – osons plutôt : de la même *immatière*... – que les fictions religieuses nommées dieu ou les dieux, les anges, les esprits, les éons, les archontes et ce que l'on voudra. Pseudo-Denys l'Aréopagite ayant montré en la matière jusqu'où pouvait aller la déraison... En créant le néologisme de *métapsychologie* Freud n'aurait pas pu ne pas penser à la *métaphysique* comme discipline de l'au-delà de la physique. La lettre à Fliess témoigne : l'au-delà de la conscience de la métapsychologie de Freud équivaut à l'au-delà de la physique de la métaphysique d'Aristote.

Je ne peux m'empêcher de mettre en relation *métapsychologie* et *parapsychologie* car la parenté sémantique me paraît avérée... Comment le *Dictionnaire culturel en langue française* d'Alain Rey définit-il ces deux termes ? Pour *métapsychologie* : « Didact. 1. Psychologie profonde (au-delà des expériences conscientes). » Puis, en second sens : « Psychologie dont l'objet est au-delà du donné de l'expérience. » Pour *parapsychologie* : « Didact. Étude des phénomènes parapsychiques, métapsychiques. » On voit mal comment le *métapsychique des parapsychologues* pourrait n'entretenir aucun rapport avec le *métapsychologique des freudiens*... Car *métapsychique* renvoie à ce sens : « Didact. Qui concerne les phénomènes psychiques inexpliqués (télépathie, etc.). »

Freud lui-même, dans l'intimité des correspondances, ne récuse pas la parapsychologie ou l'occultisme. Lui qui manifestait des comportements superstitieux, pratiquait les rites de conjuration, souscrivait à la numérologie, avouait pratiquer la télépathie avec sa fille Anna, tout en expliquant dans une lettre à Ferenczi qu'elle était douée pour ça, écrivait ceci à Edoardo Weiss le 24 avril 1932 : « Je suis, il est vrai, prêt à croire que, derrière tout phénomène soi-disant occulte, se cache quelque chose de nouveau et de très important : le fait de la transmission de pensées, c'est-à-dire de la transmission des processus psychiques à d'autres personnes à travers l'espace. J'en possède la preuve basée sur des observations faites en plein jour et j'envisage de m'exprimer publiquement sur ce point. Il serait naturellement néfaste pour votre rôle de pionnier de la psychanalyse en Italie de vous déclarer en même temps partisan de l'occultisme. » Puis, au même, le 8 mai 1932 : « Je tiens à dissiper un malentendu. Qu'un psychanalyste évite de prendre parti publiquement sur la question de l'occultisme est une mesure d'ordre purement pratique et temporaire uniquement [*sic*], qui ne constitue nullement l'expression d'un principe »... On aura bien lu.

Après ce temps théorique, examinons parmi d'autres une conséquence pratique considérable susceptible d'inscrire Freud dans le camp de la parapsychologie : voyons ce qui relève chez lui de la phylogenèse – car elle entretient d'intimes relations avec la fameuse « transmission des processus psychiques à d'autres personnes à travers l'espace » de la lettre à Weiss – et j'ajouterai : *à travers le temps.* Le métapsychologue comme le parapsychologue se moquent tout aussi bien de l'histoire que de la géographie, puisqu'ils évoluent dans un pur monde d'esprits, de concepts, d'idées.

La vulgate freudienne qui triomphe partout (du quidam à un certain nombre de professionnels du divan, en passant par la meute journalistique, la horde du show-biz ou la tribu culturelle) parle de Freud, du freudisme et de la psychanalyse par ouï-dire. En effet, peu parmi ces dévots ont lu les textes sacrés. Tous communient dans un catéchisme appris de façon aléatoire sans avoir véritablement lu, médité le texte. Et si par hasard un texte a été lu, c'est souvent l'un de ceux qui constituent le catéchisme diffusé par le livre de poche, or ces publications n'ont pas été choisies par hasard.

Pourquoi, par exemple, n'existe-t-il aucune édition courante de *Pourquoi la guerre ?*, un texte de

1932 de Freud dédicacé par ses soins à Mussolini en 1933 qui montre dans toute sa superbe le pessimisme ontologique du personnage et son goût théorique pour le chef seul capable de canaliser la vie instinctive de la foule ? Faut-il rappeler que 1933 est très exactement la date d'arrivée au pouvoir d'un certain Adolf Hitler ? Ou que le docteur viennois fut un soutien de la politique austrofasciste du chancelier Dollfuss ?

L'œuvre complète n'est ni connue ni lue. Qui aura eu la modestie et la patience de consacrer des mois de sa vie à lire vingt volumes d'une œuvre complète, hors correspondances, plume à la main, afin de disposer d'un avis informé ? Quel chrétien a lu la Bible ? Combien de musulmans ont lu le Coran ? Et combien de nazis avaient lu *Mon combat*? Ou, pour éviter de tomber sous le coup du principe de Godwin : combien ont lu *Le Crépuscule d'une idole* parmi ceux qui m'ont traité de tous les noms ? Allons donc au texte – aux textes.

Freud recourt à la phylogenèse, un concept issu de la biologie. L'ontogenèse définit le développement de l'individu de l'œuf jusqu'à la majorité légale ; la phylogenèse, quant à elle, nomme le développement de l'espèce. Dès *L'Interprétation des rêves* (1900), qu'il estime être son chef-d'œuvre, Freud défend l'idée d'un « héritage archaïque » chez chacun transmis mystérieusement, en dehors de toute génétique, de toute anatomie, de toute biologie, de toute physiologie, de toute matière, du premier homme à tout un chacun, y compris au lecteur de ces lignes…

Le biologiste Ernst Haeckel a formulé une sentence célèbre : « L'ontogenèse récapitule la phylogenèse » pour expliquer que le développement d'un individu reproduit toujours en accéléré celui de l'espèce. Freud décalque complètement cette expression dans *Un souvenir d'enfance de Léonard de Vinci* (1910) : « Le développement psychique de l'individu répète en raccourci le cours du développement de l'humanité ». La chose se retrouve dite avec une incroyable constance et sans discontinuer pendant plus d'un quart de siècle par Freud.

Ainsi dans *Remarques psychanalytiques sur l'autobiographie d'un cas de paranoïa* (1911), autrement dit « Le président Schreber », dans *Totem et tabou* (1912-1913), on y apprend, ad nauseam, que chacun se souvient, bien sûr, qu'il a eu un père, un jour, qui fut le chef de la horde primitive, qu'il a contribué à sa mise à mort et l'a ensuite mangé dans un banquet cannibale fondateur de la civilisation. Même délire dans *Extrait de l'histoire d'une névrose infantile* (1918), soit : « L'homme aux loups ». Semblable fiction dans *Vue d'ensemble sur les névroses de transfert* (1915) un texte retiré de la circulation par Freud lui-même de son premier projet de… *Métapsychologie.*

Dans les *Conférences d'introduction à la psychanalyse* (1916-1917), Freud affirme que la séduction infantile, la scène originaire, la castration, le complexe d'Œdipe relèvent d'une incontestable vérité ici et maintenant qui provient directement, sans justification raisonnable et rationnelle, d'une vérité préhistorique transmise de façon inexplicable – métapsychologique dirons-nous, pour éviter parapsychologique... Cette même croyance extravagante se trouve dans *Au-delà du principe de plaisir* (1920), puis dans *Psychanalyse et Théorie de la libido* (1923), mais également dans *Le Moi et le ça* (1923), dans lequel Freud défend l'idée que certaines psychonévroses contemporaines trouvent leur origine dans des régressions remontant à... l'époque glaciaire, le temps des luttes de l'époque patriarcale de la civilisation !

Mêmes fantaisies dans *Inhibition, symptôme et angoisse* (1926), puis dans l'*Abrégé de psychanalyse* (1938) qui synthétise la pensée de Freud par ses soins, un texte dans lequel son auteur parle « de l'héritage archaïque, résultat de l'expérience des aïeux, que l'enfant apporte en naissant, avant toute expérience personnelle. » Peu importe que l'enfant ait été nourri au sein ou au biberon, la phylogenèse faisant la loi, même ontogénétiquement alimenté à la tétine en caoutchouc, par la grâce phylogénétique, il conserve la mémoire préhistorique du sein d'une femme de la période glaciaire – quoi qu'en pense sa mère ici et maintenant...

De même pour la crainte de castration : nul besoin de se soucier d'une éducation singulière avec des parents particuliers, dans une histoire subjective, puisqu'elle procède d'une « trace mnésique phylogénétique, souvenir de l'époque préhistorique où le père jaloux enlevait réellement à son fils ses organes génitaux quand il le considérait comme un rival auprès d'une femme ». Chez Freud la préhistoire est plus présente et plus vraie que le présent qui n'existe pas. Phylogenèse oblige…

Le sommet est atteint avec *Moïse ou le monothéisme* (1934-1938) dans lequel Freud se surpasse. L'individu y apparaît moins comme le produit d'une ontogenèse que comme le résultat d'un passé très archaïque qui le détermine complètement. Freud récuse les acquis de la biologie contemporaine, il écarte d'un revers de la main ce que lui apprend la génétique de son temps, il tourne le dos à la science du moment. On ne fait pas mieux, pour un homme qui partout se prétend « scientifique », comme refus de la science, déni de la science, mépris de la science, qu'en défendant la thèse, de 1900 à sa mort, que nous sommes des contemporains de la période glaciaire mais surtout pas de notre milieu, de notre époque, de notre temps, de notre éducation…

Qu'est-ce qui permet au « scientifique » Freud d'écrire dans *Moïse* que « la science biologique ne veut rien savoir de la transmission des caractères acquis aux descendants. Mais nous avouons en toute modestie [*sic*] que nous ne pouvons malgré tout pas nous passer de ce facteur dans l'évolution biologique ». Autrement dit : la science en général refuse cette thèse, mais la science freudienne l'exige, donc la science en général a tort... Et plus loin : « Il s'agit d'une audace que nous ne pouvons éviter » – et pour quelles raisons ?

Parce que Freud est dans l'audace du conquistador, une posture qu'il revendique *contre celle du scientifique.* La preuve dans cette lettre à Fliess : « Je ne suis absolument pas un homme de science, un observateur, un expérimentateur, un penseur. Je ne suis rien d'autre qu'un conquistador par tempérament, un aventurier si tu veux bien le traduire ainsi, avec la curiosité, l'audace et la témérité de cette sorte d'homme » (1er février 1900). Métapsychologue, parapsychologue, Freud soucieux de voir ce qui se trouve après la psychologie, au-delà d'elle, sait bien que nul ne viendra lui contester sa trouvaille puisque personne ne va là où il prétend être allé avec force auto-analyse et prétendu dépeçage de cas cliniques en quantité – qui s'avèrent manquer cruellement quand on effectue un réel travail d'historien de la psychanalyse...

Qui peut rivaliser avec un homme qui se prétend scientifique mais revendique l'audace du péremptoire, donc le contraire de la patience du chercheur ? Quel individu soucieux de raison, de logique, de raisonnements, de preuves et d'arguments, peut ébranler un tant soit peu le discours fantasque d'un homme qui prétend que, si le réel ontogénétique dit une chose et que la fiction phylogénétique en dit une autre, alors cette dernière sera plus vraie que l'autre, parce qu'elle est la voie royale de l'audacieux ? Quel physicien peut dissiper le rêve du métaphysicien ? De même : quelle démonstration psychologique peut ravager la folie métapsychologique ? Quel philosophe peut débattre avec un défenseur de l'occultisme ? Quel penseur pourrait combattre le délirant qui croit plus à ses légendes (le complexe d'Œdipe, la horde primitive patriarcale, le meurtre du père, le banquet cannibale, la crainte de la castration, etc.) qu'à la réalité historique qui invalide toutes ces histoires à dormir debout ? Quel penseur de l'immanence saurait ramener à la raison un extatique de la transcendance ?

Le combat est perdu d'avance. On ne convertit pas l'âme onaniste décidée à jouir en solitaire de ses fictions dans le confort d'un arrière-monde. On ne fera rien non plus des borgnes qui jubilent de suivre un aveugle sur les falaises du délire. La psychanalyse est bien une folie à plusieurs, ce qui se nomme aussi une hallucination collective. Malheur au philosophe qui enseigne la nudité du roi freudien : un bûcher l'attend après le pal et le rouet, la poix et l'éviscération... Mais les bûchers de Marguerite Porete à Paris, de Michel

Servet à Genève, de Vanini à Toulouse ou de Giordano Bruno à Rome ont été allumés par des furieux auxquels l'histoire a donné tort. Qui se souvient du nom de l'accusateur de Socrate condamné à mort pour avoir philosophé, cette activité honnie des métapsychologues – et des parapsychologues…

6.

Sur un prétendu divin marquis. Je voudrais proposer quelques hypothèses pour envisager la résolution de cette étrange énigme qui veut que Sade, un monstre dans les faits et sur le papier, ait pu être présenté par une partie de l'intelligentsia du XXe siècle comme un agneau, un bouc émissaire, une pauvre victime de tous les régimes politiques, un parangon de liberté libre, pour utiliser l'expression rimbaldienne. Comment un homme qui fut le prototype de l'érotisme féodal nocturne a-t-il pu passer (et passe encore…) pour un philosophe emblématique de l'érotisme solaire post-chrétien ?

Depuis plus d'un siècle, en effet, Sade fonctionne comme le cri de ralliement d'une certaine intelligentsia parisienne qui fait de la littérature une religion et sacrifie au culte du marquis comme d'autres à la fiction du Christ. Cette religion sadienne a une date de naissance, une circonstance, une occasion et un prophète. La date de naissance : 1909. La circonstance : la parution d'une anthologie fabriquée avec les passages les plus présentables du marquis pour un éditeur qui mettait sur le marché une collection intitulée «Les Maîtres de l'amour» [*sic*!]. Le prophète : Guillaume Apollinaire, maître d'œuvre de cette anthologie. Depuis cette date et ce livre, Sade est moins lu, glosé et commenté que ne le sont les gloses elles-mêmes, toutes dépendantes de l'argumentaire du poète.

Apollinaire fut sans conteste un grand poète, un critique d'art avisé, un génial commentateur de l'art africain, un artiste visionnaire, l'inventeur du mot *surréaliste*, le mentor des grands noms de cette sensibilité esthétique, l'ami des grands artistes de cette époque – mais il fut en même temps un pitoyable homme d'idées, aveugle à la dimension philosophique de son héros. Il ne vit pas en Sade le défenseur d'une ontologie, le théoricien d'une métaphysique, le lecteur des philosophes matérialistes français, pas plus qu'il ne prit en compte la biographie, l'histoire réelle et concrète de son personnage. En taillant arbitrairement dans l'œuvre complète, puis en négligeant ce que l'histoire nous apprend de la vie du personnage, Apollinaire crée la légende de Sade; la plupart des poètes et des philosophes du XXe siècle souscrivent aveuglément à cette fiction littéraire…

Quelle est-elle? Sade serait le grand homme de la liberté sexuelle, l'immense féministe amoureux du deuxième sexe, le philosophe de l'abolition de la peine de mort, le républicain émancipateur de l'humanité, le philosophe des Lumières, le libertin solaire post-chrétien, le précurseur de la psychanalyse, le parangon de la subversion emprisonné sous trois régimes, l'anarchiste emblématique... De Breton à Sollers en passant par Bataille, Barthes, Lacan, Deleuze et autres penseurs de moindre envergure, la légende forgée par Apollinaire est abondamment ressassée. Le jeu des gloses renseigne sur la paresse intellectuelle de l'intelligentsia qui pratique l'adoubement mutuel et la reconnaissance réciproque plus qu'une lecture digne de ce nom...

Car la lecture de l'œuvre complète, celle de la correspondance, puis le croisement de ces textes avec les biographies constituent une méthode toute simple qui permet de parvenir à d'autres conclusions. Si l'on refuse d'en rester à l'anthologie (un choix arbitraire qui permet d'obtenir ce que l'on veut d'un penseur en sortant du contexte telle ou telle idée ou en détachant une pensée de la géographie générale de l'œuvre...), on découvre un personnage aux antipodes de cette figure créée par Apollinaire.

Le marquis est en effet « un grand seigneur méchant homme », pour le dire dans les mots de Molière, un libertin féodal qui ne reconnaît de liberté sexuelle qu'aux prédateurs de sa caste et qui transforme les femmes en proie réservées à sa tribu de chasseurs au sang bleu pour laquelle il revendique une pleine et entière liberté – la licence libertine. Dans son œuvre en général, mais dans *Les Cent Vingt Journées de Sodome* et dans l'*Histoire de Juliette* en particulier, il invite à massacrer le peuple, à décapiter à tour de bras, à martyriser à grande échelle, à tuer selon l'ordre glacial de sa raison philosophique déterministe, à faire souffrir le plus grand nombre, à ouvrir des châteaux pensés comme des camps de concentration et d'extermination où l'on rase les femmes, tatoue les corps, torture les victimes après les avoir raflées, déportées et conduites dans une forteresse militaire.

De même, le texte dans lequel il manifeste son opposition à la peine de mort, *Français, encore un effort si vous voulez être républicains...*, est écrit dans la geôle révolutionnaire où il croupit et dont la fenêtre donne sur une cour où une charrette apporte les suppliciés puis emmène sans discontinuer les cadavres ensanglantés à la fosse commune. Il sait que, peut-être, il fera partie de la charretée suivante – de quoi rendre abolitionniste le partisan le plus décidé de la peine de mort !

Sade est un lecteur des philosophes matérialistes français et puise abondamment dans ce corpus pour justifier son système philosophique : l'*isolisme.* Ce néologisme apparaît à trois reprises dans son œuvre : *Les Infortunes de la vertu, La Nouvelle Justine* et *Aline et Valcour.* Sa doctrine affirme que nous sommes entièrement déterminés par la nature, programmés par la nécessité, ontologiquement enfermés dans notre enveloppe de peau, dépourvus de liberté, privés de libre arbitre et que, par-delà le bien et le mal, nous sommes indistinctement condamnés à être ce que nous sommes sans possibilité d'échapper à ce destin. Ce qui ne l'empêche pas pour autant, sans craindre la contradiction, d'affirmer dans *Les Cent Vingt Journées* que la culture n'est pas dans la nature et que la première peut entraver, contrarier, empêcher la seconde. Ainsi, pour Sade, la nécessité est partout dans la nature, mais la culture permet d'échapper à cette nécessité.

Malgré tout, il se fait philosophiquement fort de ne pas vouloir autre chose que ce que veut la nature et jouit de ce que la nature coupe l'humanité en deux : les bourreaux et les victimes, les forts et les faibles, les aristocrates et la plèbe, les libertins et leurs objets, les proies et leurs cibles, en se réjouissant d'être du bon côté : bourreau, fort, aristocrate, libertin, bête de proie. Sade sait qu'on peut vouloir autre chose, mais, à dessein, il veut ce qui est et rien d'autre.

S'il manifeste un athéisme tonitruant, c'est uniquement pour les prédateurs de sa classe. En bon voltairien, l'auteur du *Dialogue entre un prêtre et un moribond* trouve que, pour le peuple, la religion est une bonne chose, de même avec la monarchie, parce que ces deux forces antinaturelles constituent de formidables armes pour asseoir et maintenir le pouvoir des nobles sur le peuple. Certes, Sade affirme que « Dieu est mort », mais pour sa caste ; pas question d'ébruiter cette bonne nouvelle fêtée par les dégénérés au sang bleu bien déterminés à conserver leurs privilèges.

Donatien Alphonse François comte de Sade, connu comme le Marquis, entre à la section des Piques le 17 octobre 1792 et se fait appeler Louis Sade non par conviction politique mais par opportunisme : comme assurance-vie… Son château de La Coste a été dévasté trois semaines plus tôt… Il y avait dans cette bâtisse, selon son aveu, de quoi en meubler six… Cet homme qui a derrière lui un casier judiciaire fort peu révolutionnaire donne des gages à la Révolution en armes pour éviter d'attirer l'attention sur lui.

Voilà en effet un homme qui a vécu comme un délinquant sexuel pendant toute son existence et qui a pratiqué ce qu'il théorise – au contraire de ce qu'affirme la vulgate qui enseigne béatement qu'il transfigure dans son œuvre abondante ce qu'il n'a pu vivre concrètement pour cause d'emprisonnement. La théorie freudienne de la sublimation génère ce lieu commun intellectuel. Mais la lecture d'une biographie suffit pour constater que Sade n'a pas fictionné son monde et qu'il ne s'est pas contenté de le théoriser, car il l'a pratiqué pendant de nombreuses années avant son incarcération.

Aucune biographie n'a été écrite à charge contre le Marquis – du moins : sans complaisance. Toutes sont des hagiographies, de Lely à Pauvert via Maurice Heine et quelques copieurs sans vergogne, de Jean-Jacques Brochier à Raymond Jean en passant par Donald Thomas. Les faits existent : pour ce que nous en savons, le bilan apparaît déjà comme terrible… Les affaires qui conduisent le Marquis au tribunal sont celles qui n'ont pas été dissimulées par l'aristocratie, sa famille, ses réseaux, ses relations. L'addition perverse des hommes d'Église, des gens de lois et des nobles dans les orgies sadiennes n'est pas qu'une allégorie littéraire ! Ce que nous savons est ce qui n'a pas été suffisamment étouffé. Les ossements humains retrouvés dans le jardin de Sade témoignent de ce qui a pu échapper à la justice. Le Marquis parlera de plaisanterie d'une amie qui aurait rapporté de Marseille à La Coste un squelette – on peut ne pas souscrire à cette pitoyable explication… On retrouve dans l'*Histoire de Juliette* des fémurs introduits dans les sexes de deux héroïnes…

Le 3 avril 1768, il y eut donc l'affaire Rose Keller. Une fileuse au chômage, mendiante, suit Sade qui lui propose de l'argent pour effectuer des ménages dans l'une de ses propriétés. La jeune femme se trouve enlevée, séquestrée, menacée de mort, entravée, fouettée, tailladée au couteau, martyrisée, torturée, brûlée – elle parvient à s'enfuir par la fenêtre.

Apollinaire ayant affirmé de façon péremptoire que Sade n'était pas sadique, il faut bien que les faits n'aient pas eu lieu : les sadistes se découvrent alors sophistes en diable, menteurs invétérés, dialecticiens de mauvaise foi, ils travestissent les faits et inversent les perspectives : ce bon Marquis eut affaire à une mauvaise ouvrière ! La gauche parisienne souscrit à la fameuse équivalence bourgeoise : classe laborieuse, classe dangereuse. Elle minimise les dommages. Elle inverse les rôles : quand le Marquis ment, il dit la vérité, quand la pauvresse dit la vérité, elle ment.

Ainsi, lorsque le bourreau fait couler de la cire fondue dans les plaies pratiquées avec la lame de son couteau, ça n'est pas de la cire – mais un onguent pour calmer la souffrance et cicatriser ! Dès lors, quand le Marquis inflige factuellement de la douleur, on se trompe – il se comporte en assistante sociale, en amoureux du genre humain... On fait de cette femme le bourreau : elle est une prostituée qui cache sa syphilis pour contaminer le pauvre Marquis, vengeance de la populace sur l'aristocratie ! D'aucuns trouvent même que Sade aurait essayé sur elle un nouveau médicament pour la guérir de son mal ! Voilà donc le charcutier transformé en pharmacien... Enfin, puisqu'elle est pauvre, il faut bien qu'elle soit intéressée par l'argent : elle a donc tout inventé pour ponctionner l'infortuné descendant de la famille dc Condé et le ruiner !

L'argumentaire est celui de tous les violeurs sur la planète.

De même, le jeudi 25 juin 1772, il y eut l'affaire de Marseille. Le domestique de Sade aborde quatre filles dans la rue. Une fois celles-ci enfermées, le Marquis les flagelle, les empoisonne avec des dragées à la cantharide sous prétexte qu'elles doivent faire provision des gaz intestinaux dont il raffole, il les sodomise malgré leur refus, demande à être frappé avec un martinet garni d'épingles, l'utilise contre les filles, sodomise et se fait sodomiser par son valet.

Ajoutons à cela, fin 1774 début 1775, les coups et blessures associés à des violences sexuelles infligées par le Marquis à « des petites filles » (pour utiliser l'expression de Lely) qui travaillaient dans son château. L'une des cinq « enfants » a été tellement abîmée par les jeux sexuels que Sade pratiquait avec sa femme qu'elle est cachée chez l'abbé de Sade, un parent du Marquis. Mme de Sade exige de l'abbé que l'enfant ne soit pas examinée par un médecin. Une autre est enfermée dans un couvent – dont elle s'échappe. L'épouse du Marquis tente d'acheter les victimes, comme toujours, elle intervient auprès des autorités pour étouffer l'affaire. Elle fut tout de même portée à la connaissance du public.

En 1776, Sade embauche quatre jeunes femmes dans son château, dont Catherine Trillet. Bien sûr, elles deviennent les victimes de ses jeux sexuels...

Au château, les Sade appellent Catherine… Justine ! Le père de celle-ci se rend au domicile du Marquis et tire un coup de pistolet qui manque sa cible ; il part, erre dans le village et revient ; il tire à nouveau. Le père de famille porte plainte. Dans sa *Vie du marquis de Sade*, Gilbert Lely commente et conclut sur cette affaire en rapportant les propos de Sade : tous les Costains sont des « gueux à rouer » ; « on les rôtirait tous l'un après l'autre », le Marquis « en fournirait les fagots sans sourciller » – où l'on constate que le prétendu divin Marquis était abolitionniste et républicain… Cessons là et concluons.

Puisque dans *Sade, Fourier, Loyola*, Roland Barthes parle du « principe de délicatesse » permanent chez Sade ; puisque Georges Bataille écrit dans *L'Érotisme* que « le langage de Sade est paradoxal parce qu'il est essentiellement celui d'une victime. Il n'y a que les victimes qui peuvent décrire les tortures, les bourreaux emploient nécessairement le langage hypocrite de l'ordre et du pouvoir établi » ; puisque Gilles Deleuze démarque sans vergogne cette thèse dans sa *Présentation de Sacher-Masoch* ; puisque Foucault écrit dans son *Histoire de la folie* que Sade incarne le grand héros romantique positif, le rebelle qui, parce que évoluant de l'autre côté du miroir, apparaît comme le mieux placé pour nous dire ce qu'est la Raison occidentale ; puisque Lacan prétend dans ses *Écrits* que Sade manifeste le triomphe de la vertu – alors : il faut bien qu'il n'ait pas été ce que les faits disent mais ce que la légende raconte : doux, bon, généreux, victime des systèmes monarchiques, républicains et impériaux, libertin et libertaire, ami du genre humain…

En matière de Sade, de sadisme et de sadologie, Apollinaire avait offert les éléments de langage ; comme un seul homme le Paris littéraire les a utilisés *ad nauseam* pendant un siècle. Il faut donc bien pour cette coterie intellectuellement irresponsable que la légende soit plus vraie que la vérité et la vérité présentée comme une légende. La monstruosité se construit par la dénégation, le déni, le refus du réel, elle suppose que ce qui a eu lieu n'a pas eu lieu car, disent les intellectuels, les poètes, les philosophes parisiens, la littérature, le texte et les mots sont plus vrais que les faits… Un monstre est un être pour lequel son fantasme est plus vrai que la réalité et qui tâche de faire plier le réel dans la perspective du triomphe de sa berlue.

7.

Adieu mon vieux maître, adieu. Au premier cours donné de l'année, au cinquième étage de l'Université de Caen, Lucien Jerphagnon fournissait son mode d'emploi : il annonçait qu'il y aurait un devoir et donnait la date de remise des copies, il ajoutait qu'il le signalerait une autre fois dans l'année, donnait également la date de la piqûre de rappel et ajoutait qu'une copie non rendue ce jour-là, ce serait zéro. « À bon entendeur… » Pas utile d'arguer de la troisième mort de son grand-père, d'un glissement de terrain ou d'une grève des trains…

Ensuite, il donnait son adresse, précisait qu'il répondait à chaque lettre le jour même et qu'on recevrait une réponse le lendemain dans sa boîte aux lettres – c'était l'époque où l'on n'avait pas besoin d'affranchir le courrier au prix du caviar et que, malgré tout, il prenne son temps en route. Pendant des années, il répondit à chacune de mes lettres le jour même.

Enfin, il concluait son topo en citant Montherlant : « Qui vient me voir me fait plaisir… », il marquait un temps de silence, puis il ajoutait, goguenard, « … qui ne vient pas me voir me fait plus plaisir encore ! ». Pendant des années, je lui ai offert le premier plaisir, pendant d'autres années, le second.

Concernant ses relations avec Jankélévitch, dont il fut l'assistant, il écrit : « Mai 68 nous avait éloignés, point séparés. » Il y eut aussi entre nous un éloignement qui ne fut pas une séparation. Tel ou tel journaliste fit de son édition de saint Augustin en Pléiade le motif de cet éloignement, l'auteur du *Traité d'athéologie* ne pouvant qu'être un allumeur de bûcher sur lequel il sacrifiait son vieux maître ! Mais c'était me prendre pour un imbécile : quand j'eus le coup de foudre pour ce professeur exceptionnel, j'ai tout lu de lui et, à dix-sept ans, je n'ignorais pas qu'il avait publié des textes qui sentaient l'eau bénite aux éditions du Vitrail [*sic*] ! Pas besoin de chercher de ce côté-là.

Quand il arrivait dans la salle, grand, maigre, la moustache d'un officier de la coloniale toujours impeccablement symétrique, il posait son cartable, sortait son volume de Budé, plaçait une grosse montre sur le bureau et commençait un spectacle extraordinaire. Seul, il jouait tous les rôles du théâtre antique : il fulminait, susurrait, ricanait, délirait, le tout avec une érudition époustouflante. Drôle, malin, ironique, vachard, intelligent, cultivé.

il assassinait, portait au pinacle, tirait une balle entre les deux yeux de tel ou tel professeur parisien, citait une lettre envoyée par un ami cardinal ou académicien, faisait un genre de revue de presse de la semaine et n'oubliait jamais le cours – qui était clair, limpide, impeccable, bourré de références, et *vrai*.

À l'époque, l'idéologie faisait la loi : Marx et Freud, Lacan et Foucault. À Caen, nous avions le subversif de service, jadis Mao et Badiou, puis Sade et Bataille (Aristote et saint Paul), l'apparatchik communiste, Lénine et Althusser, le fainéant, Rien et Rien, le dandy, Wagner et Varèse, le professeur modèle, Kant et Hegel, etc.

Lui se moquait de tout cela et parlait des preuves de l'existence de Dieu chez saint Thomas d'Aquin, des hypostases de Plotin, du plaisir chez Lucrèce. S'il parlait d'un bordel, c'était avec la caution de Juvénal, d'une partie de jambes en l'air, avec celle de Perse, d'un trait d'esprit, avec Tibulle, s'il lançait une saillie contre les grands de ce monde, c'était sous couvert de Tacite et Suétone. On ne savait comment il s'y prenait, mais on avait l'impression d'un one-man show effectué par un genre de M. Hulot de la philosophie. Une fois sortis sur le campus, on avait beaucoup appris, tout compris et, surtout, tout retenu… J'ai encore un gros paquet de notes prises au cours donné par le membre du PCF sur « Victor Cousin et la philosophie française », mais ne me souviens de rien ;

j'ai gardé les quelques notes du cours sur Lucrèce, je me souviens de tout, comme si le cours avait eu lieu hier – or, c'était il y a plus de trente ans…

Il m'a tout appris : ne rien tenir pour vrai qu'on ne l'ait vérifié expressément. Lire, beaucoup lire, encore lire, toujours lire, travailler sans cesse. Aller directement au texte et économiser les gloses. Se moquer des travaux universitaires jamais très utiles : ils obscurcissent la plupart du temps, alors que la lecture et la méditation du texte même forcent les pages les plus difficiles. Il ne sacrifiait à aucune mode de lecture – ni freudienne, ni lacanienne, ni marxiste, ni structuraliste. Il disait pratiquer « une méthode érudite ». De fait, pour comprendre Lucrèce, je m'étais inscrit à des unités de valeur d'histoire de l'archéologie antique, ou d'histoire ancienne, je lisais sur l'époque, je bricolais un peu de latin. À rebours du structuralisme, il voulait le texte et le contexte – il avait ô combien raison ! Ma contre-histoire de la philosophie est un hommage à sa méthode.

Tout nous séparait : homme de droite, très conservateur, agnostique, mais, quoi qu'il en dise, mystique plus proche du Dieu des chrétiens que de l'Un-Bien de Plotin, pestant contre Mai 68, ami de gens d'Église dont, paix à son âme, un évêque athée. Bien qu'il s'en défendît, il goûtait les honneurs comme un petit garçon les friandises, et je crois qu'il aurait aimé le bicorne et l'épée du quai Conti, un lieu qu'il aurait enchanté par son éternelle jeunesse, ses pétillements d'intelligence, ses mots en pointes sèches imbibées d'acide. Tout nous séparait, donc. Et alors ? Je l'aimais ainsi.

Je parle au passé parce qu'il nous faudra désormais le faire. Passant chez Grasset, mon éditeur Jean-Paul Enthoven m'apprit qu'il était entré dans une chambre de soins palliatifs. De là-bas, il a envoyé une lettre de dandy à la maison des Saints-Pères qui fut aussi la sienne : joli papier filigrané, incrustation de titres, dont « Membre correspondant de l'Académie d'Athènes », il y tenait.

L'encre violette de son Montblanc (« Regardez, mon cher Onfray, c'est le super tanker avec lequel j'ai écrit tous mes bouquins », me dit-il quand je vis son bureau pour la première fois…) avait pâli, le trait était resté net, mais la plume grattait le papier et avait des ratés. Il remerciait la maison qui l'avait édité, rigolait au bord de la tombe, continuait le spectacle, mais savait que le rideau allait tomber très vite. J'ai pleuré. Il était né la même année que mon père.

J'ai lu son dernier livre qui venait de paraître en librairie, j'ai entendu sa voix en le lisant. J'ai fermé le livre. J'ai vieilli un peu plus. Le lendemain de l'écriture de ce texte, il n'était plus. Adieu mon vieux maître, adieu – je vous aimais…

8.

Vade-mecum, vade tecum (Nietzsche I). Nietzsche a philosophé au marteau dans le magasin de porcelaine de la philosophie occidentale. Malgré le champ de ruines il existe toujours des dévots de cette philosophie dominante pour laquelle l'idée, le concept, l'abstraction comptent plus que la chair du monde. La philosophie institutionnelle pense moins le monde que les pensées du monde, elle a moins le goût du réel que la passion des archives qui le racontent. D'où la religion du texte sans contexte dans laquelle communient la plupart de ceux qui évoluent dans le petit monde philosophique.

On connaît les thématiques nietzschéennes : la mort de Dieu, le nihilisme européen, l'inversion des valeurs, l'éternel retour, le surhomme, mais elles constituent plutôt la dernière pensée de Nietzsche. Car il y eut aussi, mais on en parle moins, le jeune Nietzsche qui propose de sauver l'Europe décadente par le drame musical wagnérien. *La Naissance de la tragédie* formule en effet une politique esthétique, sinon une esthétique politique afin d'aristocratiser les foules pour produire un grand peuple européen. Un autre Nietzsche prend la suite, l'auteur voltairien de *Humain, trop humain* qui brosse le portrait de « l'esprit libre », une figure issue d'Épicure et de son goût pour l'absence de trouble. Le Nietzsche méditerranéen laisse place au Nietzsche germanique avant le Nietzsche dont la patrie sera le cosmos avec le surhomme en figure emblématique.

Contradictions, disent les fâcheux ! Mais y a-t-il contradiction entre le gland et le chêne qui en procède ? Goethe défendait une théorie de l'évolution des plantes qui rend bien compte de ces métamorphoses d'une même force en ramifications diverses et multiples, toutes nourries par une même sève. Si Nietzsche fit la théorie d'une dialectique poïétique qui annonçait la métamorphose du chameau en lion et du lion en enfant, c'était bien pour signaler que, dans une vie, il y a un temps pour porter les fardeaux de l'idéal ascétique, un autre pour la création de soi comme liberté et un dernier pour l'innocence du devenir. Ce trajet autobiographique correspond au temps wagnérien, au temps épicurien et au temps nietzschéen du philosophe.

Sous le signe du chameau. Nietzsche naît le 15 octobre 1844 à Röcken, en Allemagne. Ses premières années sont placées sous le signe d'une malédiction inaugurale : celle de la mort. Quatre ans après sa naissance, il assiste aux prémices de la déchéance physique et psychique de son père, un pasteur luthérien très apprécié, qui se meurt d'un ramollissement cérébral. L'enfant constate le détail de l'évolution de la maladie. Les symptômes de son père seront ensuite les siens toute son existence : ophtalmies, cécité, migraines, douleurs, nausées, vomissements. Puis il voit l'agonie du père. Il a cinq ans. L'année suivante, Nietzsche fait un rêve prémonitoire : le spectre de son père sort de son tombeau, vient chercher son petit frère et l'emporte avec lui dans son sépulcre. Le lendemain, l'enfant meurt… Nietzsche va vivre avec des femmes : sa mère, sa grand-mère, ses deux tantes, sa sœur. À l'âge de dix ans, il souffre des yeux et de migraines – pas question alors de syphilis…

Il voulait devenir musicien, sa mère l'en a empêché, elle le voulait pasteur comme son père. Nietzsche obéit, mais compose depuis l'âge de dix ans. Il renonce à la théologie pour la philologie, mais ne fera jamais d'études de philosophie… Son entrée dans le monde des idées s'effectue sur le mode du coup de foudre : fin octobre 1865, il achète *Le Monde comme volonté et comme représentation* de Schopenhauer et le lit dans un grand état d'exaltation. L'ouvrage joue un rôle majeur dans son devenir : Schopenhauer y développe une théorie du déterminisme absolu. Il existe une force qu'il nomme le vouloir-vivre à laquelle se résume tout ce qui est. Nous sommes soumis à cette puissance qui interdit le libre arbitre.

Le pessimisme du philosophe coïncide avec ce qu'il nomme son idiosyncrasie, autrement dit sa biologie, son tempérament, son caractère, sa physiologie. Schopenhauer pense que la vie oscille comme un pendule entre l'ennui et la souffrance et propose une solution pour échapper à la tyrannie du vouloir-vivre : arrêter ce mouvement. Comment ? Par la pratique d'une morale de la pitié, la contemplation esthétique ou la négation du vouloir-vivre : nous sommes tous embarqués sur le même bateau qui nous conduit vers le néant, tâchons donc d'exercer la pitié à l'endroit de tout ce qui est vivant ; la contemplation du vouloir-vivre dans les reflets offerts par les beaux-arts en général, et la musique en particulier, suspend aussi l'oscillation ; le refus de la sexualité, de la procréation, d'assurer une descendance mène tout droit au nirvâna visé par le sage. La figure du sage qui pratique cette philosophie ravit Nietzsche pour qui le professeur de philosophie n'est pas un philosophe. Contre Hegel et les siens qui vivent *de* la philosophie et non *pour* la philosophie, Nietzsche célèbre la vie philosophique. Il s'évertuera à construire toute son existence dans ce sens.

Chameau, Nietzsche porte Schopenhauer comme il porte Wagner. Jeune philologue passionné de musique, Nietzsche aime les œuvres du compositeur célèbre, il le fait savoir. Wagner l'apprend, souhaite le rencontrer. Coup de foudre mutuel. En trois années, Nietzsche effectue vingt-trois visites au domicile du compositeur. Nietzsche considère qu'avoir gagné la guerre de 1870 sur le terrain militaire équivaut à l'avoir perdue sur le terrain des idées. Être vainqueur crée des devoirs. D'où *La Naissance de la tragédie* dans laquelle le philologue convoque les tragiques grecs pour faire de Wagner un descendant de ces figures de la grandeur esthétique. Les marxistes d'avant-hier et d'aujourd'hui voient dans ce livre une réaction du philosophe antimarxiste qui souscrirait aux thèses des aristocrates déchus – aristocratiser le peuple n'a jamais été au programme de la noblesse, mais passons…

Bayreuth qui devait être un lieu de renaissance est devenu le rendez-vous de la bourgeoisie, de l'aristocratie, des têtes couronnées, des banquiers. L'utopie philosophique d'une renaissance par le drame musical a accouché d'une surprise-partie mondaine. Nietzsche fuit l'endroit, somatise, se fâche, quitte Wagner – et Schopenhauer par la même occasion… Le philosophe n'aura de cesse de fustiger l'idéal ascétique, le pessimisme, le mépris de la vie, la haine des désirs, des passions, des pulsions, de la chair, du corps, ces idéaux du philosophe et du musicien. *Parsifal* montre que, schopenhauerien, néo-bouddhiste et végétarien, Richard Wagner est désormais acquis aux thèses chrétiennes – le Graal est plein et la fâcherie consommée. Plus tard, Nietzsche écrira *Nietzsche contre Wagner* pour livrer au public les détails de son ressentiment – livre assez peu nietzschéen donc…

Sous le signe du lion. Le moment du chameau fut donc celui de l'agenouillement devant les idoles Schopenhauer et Wagner. Il fut placé sous le signe d'une première malédiction : celle de la mort du père et du frère. Le moment du lion sera celui de la création de valeurs, mais il s'inscrit une fois de plus sous le signe d'une malédiction : celle de la maladie. Certes, il y eut une syphilis contractée très tôt dans un bordel de Leipzig, probablement à l'époque estudiantine. Mais il y eut aussi une prédisposition génétique, avec un oncle hospitalisé pour des problèmes psychiatriques. Le spectacle tragique de l'agonie et de la mort de son père le conduit à éprouver les mêmes symptômes que son géniteur tant qu'il est sain d'esprit : en effet, dès qu'il sombre dans la folie en janvier 1889, les migraines, les nausées, les ophtalmies, les vomissements qui envahissent les correspondances disparaissent jusqu'à sa mort en août 1900 – autrement dit, pendant près de dix années, Nietzsche ignore les pathologies qui auront gâché toute sa vie...

Nietzsche entame donc ce moment de son existence dans la souffrance. Après avoir démissionné de son poste de professeur de philologie, il mène une vie d'apatride et d'errance dans l'Europe entière. Il associe son nom à des lieux sublimes et mythiques : Portofino, Rapallo, Sils-Maria, Eze, Silvaplana, Sorrente, mais aussi Venise, Gênes et Messine. Il veut se laver de l'Allemagne, des brumes nordiques, de la mythologie germanique au contact du soleil, de la lumière, de la Méditerranée – de Dionysos. Il confesse alors une « idylle héroïque » avec Épicure et disserte sur le caractère intempestif du philosophe grec : il existe mille et une façons d'être épicurien et chaque époque permet une variation sur ce thème. Nietzsche veut alors un *gai savoir*, titre de son livre majeur.

La préface de cet ouvrage comporte une idée révolutionnaire toujours refusée par la philosophie institutionnelle : Nietzsche écrit en effet que toute philosophie est confession autobiographique d'un corps. Cette affirmation pulvérise des siècles de philosophie idéaliste. L'idéaliste oppose le corps et l'âme. Il privilégie la prétendue immatérialité de l'esprit et dévalorise la matérialité de la chair. Dans sa vision des choses, l'idée existe en soi, elle n'a pas besoin du monde pour être. Elle se saisit par la grâce de cet instrument immatériel à cause d'une parenté ontologique : puisqu'elle est de la même immatérialité que l'idée, l'âme peut commercer avec elle.

Nietzsche récuse cette tradition qui domine de Platon à Schopenhauer via Kant et Descartes. Pour autant, il n'est pas matérialiste et considère les atomes avec une même désaffection. Il tourne le dos à l'idée et à la matière, à l'idéalisme et au matérialisme : pour lui il n'existe qu'une seule réalité, la volonté de puissance, une notion qui devient centrale avec *Ainsi parlait Zarathoustra*. Cette volonté de puissance n'est pas aspiration au pouvoir sur autrui, contresens catastrophique, mais principe du vivant dans la vie, car la volonté de puissance est là où est la vie.

Dans *Le Gai Savoir*, Nietzsche fait d'Épicure un grand maître de sagesse existentielle. Comme lui, il philosophe avec un corps malade. La lecture de la correspondance du philosophe allemand stupéfie par tant de souffrances… Mais il aime regarder les paysages méditerranéens, se composer des repas d'une extrême frugalité, marcher dans la campagne de longues heures, méditer, réfléchir, lire de bons livres, peu, mais en profondeur. Il vit en solitaire, mais n'aspire qu'à une chose : la réédification d'un jardin d'Épicure pensé comme un cloître pour les esprits libres. Il visite des endroits qui pourraient accueillir cette communauté d'amis qui serait aussi une école d'éducateurs, un lieu dans lequel se concevraient et se vivraient de nouvelles possibilités d'existence.

À cette époque, Paul Rée et Lou Salomé prennent la place de Schopenhauer et Wagner dans le cœur du philosophe : le premier écrit sur l'origine des sentiments moraux, la seconde est une belle jeune Russe intellectuelle dont Nietzsche tombe amoureux... Le philosophe demande à Rée d'avouer son amour pour Lou – mais Rée lui aussi est tombé sous le charme... Comme il le fait régulièrement avec les femmes pour lesquelles il a un coup de foudre, Nietzsche propose un mariage à l'essai – refusé par Lou. Cette amitié triangulaire débouchera sur une fâcherie et quelques lettres de Nietzsche contre Lou auraient gagné à ne jamais avoir été écrites.

Cette rupture met en péril l'équilibre psychique de Nietzsche. Elle occasionne de nouveaux troubles, une récurrence des habituels symptômes : migraines qui le clouent au lit pendant une semaine, nausées interminables, vomissements trois jours durant, symptômes dépressifs... Nouvelle métamorphose intellectuelle. Le corps hyperesthésique de Nietzsche est tendu par la souffrance, la maladie, l'extrême frugalité, l'abstinence sexuelle. À cette époque, il consomme beaucoup de médicaments pour calmer ses douleurs : opium, chloral hydraté, kalé phosphaté... En août 1881, comme un arc chamanique bandé à son maximum, Nietzsche a la révélation de *l'éternel retour* à Silvaplana, près du lac de Sils-Maria, puis celle du *surhomme* sur un chemin dominant Portofino...

La notion d'éternel retour est souvent mal comprise si l'on prend en considération des notes, des écrits posthumes écartés par le philosophe, voire des pages entières de *La Volonté de puissance*, un livre qui n'est pas de Nietzsche mais un faux fabriqué par sa sœur antisémite, nationale-socialiste, amie de Mussolini et d'Hitler. Pour faire de son frère un précurseur des fascismes européens en général et du nazisme en particulier, elle réécrit des textes, supprime des mots, en ajoute d'autres, falsifie des correspondances qu'elle recopie après avoir coupé les passages qui empêcheraient la récupération à laquelle elle œuvrait. Une vingtaine de textes publiés dans ce faux sont par exemple de Tolstoï...

Nietzsche a beaucoup lu pour tâcher de fonder scientifiquement son intuition philosophique. Certaines de ses notes de lecture, dont des citations, sont publiées telles quelles dans *La Volonté de puissance*. Si l'on considère cette prose infâme comme de la main de Nietzsche, en effet, on peut en faire un penseur antisémite, belliciste, nationaliste, brutal, préfasciste ! De même, sur la question de l'éternel retour, on pourra faussement croire qu'il est réitération de l'Autre (comme Deleuze) alors qu'il est stricte répétition du Même. L'idée que ce qui a lieu a déjà eu lieu dans les mêmes formes et dans le détail et que cet avènement aura lieu à nouveau dans une exacte duplication induit des conséquences philosophiques pour l'avènement du surhomme. Car ce dernier définit *celui qui sait* cette vérité tragique de la répétition à l'identique de ce qui est, *celui qui la veut* parce qu'il sait qu'il faut vouloir le vouloir qui nous veut, et, mieux encore, *celui qui l'aime* et accède par cet acquiescement à la joie, à la béatitude qui est la fin de toute la sagesse existentielle selon Zarathoustra-Nietzsche. Ces concepts nourrissent une troisième métamorphose.

Sous le signe de l'enfant. Le chameau portait de vieilles idoles schopenhaueriennes et wagnériennes, le lion créait de nouvelles valeurs néo-épicuriennes, l'enfant va connaître une sérénité sans pareille. Il entre dans le monde avec la fraîcheur ontologique nécessaire à la construction d'une nouvelle philosophie. Nietzsche donne forme existentielle à ses intuitions philosophiques : mort de Dieu, nihilisme européen, éternel retour, surhomme, transvaluation des valeurs – voilà de quoi bâtir un monde philosophique à partir duquel, croit-il du moins, s'établira un jour un nouveau comput. Comme on a compté les siècles à partir de Jésus-Christ, le Nietzsche d'*Ecce homo* annonce qu'un jour on fera de même avec lui : avant F.N. et après F.N.

Précisons les pensées majeures de Nietzsche. *La mort de Dieu*. Nietzsche l'annonce : il est mort, il nous faut désormais penser et vivre sans lui ou n'importe quoi qui lui ressemble. Dès lors, contentons-nous du monde donné et récusons les arrière-mondes, ces fictions avec lesquelles le judéo-christianisme nourrit sa morale de la haine du corps, des désirs, des pulsions, des instincts, des passions, de la sexualité, en un mot : de la vie. Il n'y a pas de vie après la mort, donc ni enfer ni paradis.

Le nihilisme européen : la mort de Dieu s'accompagne de la mort du sens qui découlait de lui. L'époque célèbre les petites santés, le ressentiment, la faiblesse ontologique, les vertus qui rapetissent. Elle jouit du pessimisme, du décadentisme, elle célèbre l'épuisement, la fatigue, la maladie, elle s'enivre, ne veut pas voir la réalité, s'engouffre dans des aventures politiques de mort. L'hédonisme triomphe en souverain bien, preuve de cette pathologie de civilisation. Puisque Dieu est mort, tout se vaut, tout est permis, tout est possible – ce qui ne veut pas dire que tout est souhaitable.

L'éternel retour : vérité ontologique selon Nietzsche. On ne doit pas lire le temps à la façon des chrétiens qui le pensent comme une flèche avec un passé, un présent et un futur et une impossibilité pour ce qui a eu lieu d'avoir lieu à nouveau. Hier, aujourd'hui, demain sont des catégories inadéquates pour penser le monde. Le temps n'est pas linéaire, mais cyclique. Ce qui a lieu à l'instant où l'on parle, le chant d'un oiseau, l'aboiement d'un chien, l'araignée qui tisse sa toile, tout cela se répétera dans le détail. Il n'y aura pas *un* oiseau qui chantera à nouveau *un* chant, mais *cet* oiseau qui chante a déjà chanté *ce* chant et qui rechantera éternellement *ce même* chant. Pour Nietzsche, on n'échappe pas à cette éternelle réitération – dès lors, Deleuze a tort de croire qu'il nous suffirait de vouloir pour sélectionner dans et par le vouloir ce qui se répéterait. Ce nietzschéo-gauchisme proposait en son temps de créer des intensités de vie susceptibles d'infléchir le cours du temps. Lecture judéo-chrétienne qui réinjecte le libre arbitre dans une ontologie pourtant totalement fatale…

Le surhomme : il n'est pas du tout susceptible d'une lecture sociologique ou politique, contresens majeur… Il s'agit d'un concept ontologique : connaître la volonté de puissance, la vouloir, l'aimer et jouir de cet amour que Nietzsche nomme l'*amor fati*, l'amour de son destin, voilà ce qui définit le surhomme – qui peut être une surfemme bien sûr… Le surhomme dit un grand « oui » à l'existence, à tout de la vie, puisqu'il n'y a pas d'autre choix. Il ne dit pas oui au bien et non au mal, oui à la jubilation, non à la souffrance, car il ne dispose pas de la possibilité de ne pas vouloir ce qui advient. Dès lors il faut dire oui à la vie *et* à la mort. Le surhomme souscrit aux valeurs dionysiennes : la vie, l'amour, la sexualité, la joie, le rire, la danse, la jubilation, le chant, le vin, mais aussi au reste, la cruauté, la brutalité, la sauvagerie, consubstantielles à la vie. Dire non à ce qui ne peut pas ne pas être est sottise. La fatalité fait la loi, le surhomme veut et aime cette loi.

La transvaluation des valeurs : la mort de Dieu et le nihilisme européen invitent à penser et vivre le monde sans Dieu – sans dieux. Les valeurs judéo-chrétiennes célèbrent la mort : idéal ascétique, chasteté, continence, tempérance. Le christianisme invite à imiter un ange sans sexe, Jésus, un cadavre supplicié, le Christ, et, pour les femmes, une Vierge qui enfante, Marie. Ces prescriptions ne peuvent que générer frustrations et insatisfactions. La morale des esclaves négateurs de la vie qui, ligués, ont vaincu les maîtres amoureux de vie, est morale de vengeance contre la santé, éthique de ressentiment contre ce qui veut la vie. L'inversion des valeurs suppose qu'on veuille la vie qui nous veut. Ce vouloir du vouloir conduit dans la clairière ontologique de la joie, de la béatitude.

Par sa subtilité et sa complexité, cette philosophie de la fatalité radicale exigeait un lecteur redoutable de sagacité et d'intelligence. Nietzsche n'a pas sous-titré par hasard *Ainsi parlait Zarathoustra* « Un livre pour tous et pour personne »…

« Pour tous » parce qu'il le destinait à chacun, mais « pour personne » parce qu'il le savait posthume et imaginait qu'il faudrait au moins un siècle pour le comprendre. Une fois le siècle écoulé, ce livre pour tous est devenu un livre pour quelques-uns.

Mais ces cent années montrent combien le registre nietzschéen poétique, aphoristique, fragmentaire, lyrique, ne facilite pas la tâche : il faut un œil d'artiste pour lire la pensée de ce philosophe-artiste. Or sa sœur était la pire aveugle. Cette *Volonté de puissance* fabriquée par ses soins pour présenter un Nietzsche préfasciste et prénazi a fait beaucoup de mal : cette version nazie a produit des émules chez les nazis, comme Alfred Rosenberg, les marxistes comme Lukács et les siens, les tenants de l'« individualisme démocratique » comme Alain Renaut, Luc Ferry, André Comte-Sponville et quelques autres qui publièrent *Pourquoi nous ne sommes pas nietzschéens* en 1991.

Les professionnels de la philosophie qui citent encore *La Volonté de puissance* pour étayer leurs thèses anti-nietzschéennes sont impardonnables de ne pas avoir lu *« La volonté de puissance » n'existe pas* de Mazzino Montinari. Ce livre magistral interdit définitivement qu'on puisse encore associer le nom de Nietzsche aux fascismes du XXe siècle. À l'évidence, on peut ne pas aimer Nietzsche, mais pas en sollicitant les thèses nazies d'Elisabeth

Förster-Nietzsche ! Nietzsche se mérite, il exige une longue patience – une vertu passée de mode. Il souhaitait un lecteur pourvu d'un seul talent : celui des vaches qui ruminent. Pour comprendre Nietzsche, soyez vaches…

9.

Cave musicam (Nietzsche II). Nietzsche fut un musicien raté, une authentique bénédiction pour la philosophie ! Son génie fut tel que, s'il n'avait pu donner le meilleur de lui-même dans la discipline de Kant et de Schopenhauer, il n'aurait pas manqué de révolutionner le monde musical. Lorsqu'un être est habité par le feu sacré de la création révolutionnaire, il sublime tout ce qu'il touche.

Après un concert consacré aux œuvres de Nietzsche, mon ami pianiste Vahan Mardirossian m'expliqua un jour, partition en main, que Nietzsche avait des idées musicales magnifiques, mais qu'il n'en faisait aboutir aucune. Pour quelle raison ? Probablement parce que, outre sa mère, il eut à subir la castration de Wagner, d'Hans von Bülow et de Brahms, ce qui, convenons-en, n'est pas une mince affaire pour une virilité d'artiste…

Fils et petit-fils de pasteur, Nietzsche voulait être compositeur. Sa mère lui intima l'ordre de devenir ministre du culte protestant, la formation musicale afférente à ce genre de profession, à défaut de vocation, suffirait, pensait-elle, pour étancher sa soif de musique... Nietzsche renonça à la carrière musicale, s'engagea dans les études théologiques, avant de renoncer. Il avait fait plaisir à sa mère en s'infligeant un déplaisir, la théologie, il infligea un déplaisir à sa mère en s'accordant un plaisir, la philologie. Puis il magnifia ce plaisir en renonçant également à la philologie pour devenir philosophe. Dans cette discipline, Nietzsche fut un génial autodidacte.

Il devint donc ce que l'on pourrait appeler un compositeur du dimanche. À sept ans, sa mère lui offre un piano, il reçoit ses premières leçons de musique ; à dix ans, il s'essaie à la composition ; à douze ans, il compose une sonatine, une ouverture pour piano à quatre mains, deux sonates... et commence à rédiger la première d'une longue suite d'autobiographies ; à treize ans, il compose une symphonie d'anniversaire, une ouverture pour orchestre à cordes, un motet ; à quatorze, trois compositions pour piano, une œuvre pour piano à quatre mains, un mouvement de quatuor à cordes, des ébauches de chant choral, des motets chrétiens. Il continue sur ce rythme en s'essayant à la Messe, au Requiem, au Miserere, à l'Oratorio de Noël, au lied, au poème symphonique, et ce pendant toute la durée de son séjour au collège et au lycée.

Son initiation philosophique s'effectue avec Schopenhauer, un coup de foudre. L'auteur du *Monde comme volonté et comme représentation* subjugue un jeune homme de vingt-deux ans qui a perdu son père après avoir assisté à son agonie quand il avait cinq ans et qui se cherche un substitut paternel. Il vit avec sa grand-mère, sa mère et sa sœur dans un monde sans homme. Quand il découvre avec un emballement terrible le livre de Schopenhauer, le philosophe est mort depuis six années. Il se prend à regretter de ne l'avoir pas rencontré.

Schopenhauer est, avec Pythagore et Platon, le philosophe qui a le mieux pensé la musique, à laquelle il confère une place architectonique dans son œuvre : elle n'est pas reflet du monde, mais monde lui-même; elle n'a même pas besoin du monde pour être; elle n'est pas reproduction d'une Idée, mais la forme même du Vouloir, elle est donc un monde sans le monde, hors du monde. La musique donne son sens à ce monde puisque, celui-ci n'étant jamais qu'une immense vallée de larmes (nous oscillons sans cesse entre l'ennui, qui a sa représentation sociale le dimanche, et la souffrance, qui sature le restant de la semaine...), elle arrête le mouvement de balancier entre ennui et souffrance. Entre la morale de la pitié et la négation du vouloir-vivre, elle est une consolation parce qu'elle permet la contemplation esthétique qui nous abrite de la tyrannie du

Vouloir. Orphelin de père, douloureux, inquiet sur sa vocation, Nietzsche trouve en Schopenhauer un guide spirituel, un maître de sagesse.

Quand l'Allemagne gagne la guerre de 1870, Nietzsche trouve qu'elle l'a perdue, car il faut, pour remporter la victoire, renoncer à l'humanité… Il propose de reconquérir l'esprit et fait de la musique le cheval de Troie de cette guerre de la culture : l'Allemagne doit créer un mythe comme la Grèce en créa avec la tragédie, afin de cristalliser l'âme d'un peuple pour créer une Europe de l'intelligence et de la paix. Ce mythe, ce sera l'opéra, le drame musical wagnérien.

À vingt-quatre ans, Nietzsche rencontre Wagner et se met à son service intellectuel : il théorise ce salut de l'Allemagne par la musique wagnérienne dans *La Naissance de la tragédie* en 1872.

Wagner lui aussi devient un père de substitution. Conséquemment, Cosima née Liszt, fille du compositeur hongrois, femme du chef d'orchestre Hans von Bülow, créateur des œuvres de Wagner, avant de devenir l'épouse de ce dernier, se trouve transfigurée par Nietzsche en épouse rêvée.

La théorie développée dans *La Naissance de la tragédie* doit s'incarner dans une pratique : ce sera le théâtre de Bayreuth pensé, dessiné, construit, comme le temple post-chrétien de la renaissance allemande, donc européenne. Hélas ! L'édifice construit avec des capitaux de riches bourgeois, de banquiers, d'industriels, fédère cette mafia argentée, mais terriblement stupide. L'antisémitisme y règne ; Wagner est antisémite ; Nietzsche vomit l'antisémitisme. Nietzsche tourne le dos à Bayreuth, à Wagner, au wagnérisme, d'autant que *Parsifal* révèle un Wagner thuriféraire du christianisme médiéval, un comble pour l'athée radical qu'est l'auteur de *L'Antéchrist*. Il a trente-quatre ans. Commence alors un combat contre Wagner qui ne connaîtra jamais de répit – *Nietzsche contre Wagner* en témoigne…

Dans le brasier où il précipite Wagner, Nietzsche jette également Schopenhauer. Trop de renoncement, de pessimisme, d'idéal ascétique, trop de bouddhisme, de christianisme, trop d'encens, trop de Graal, trop de végétarisme. Il se tourne vers Épicure et l'épicurisme, puis se guérit des brumes intellectuelles et musicales du Nord avec la Méditerranée et… Georges Bizet transformé en anti-Wagner emblématique : *Carmen* comme antidote à *Parsifal* !

Bizet, c'est le contre-poison. De la même façon qu'il avait usé abondamment du philtre toxique wagnérien, il consomme un Bizet intellectuellement survitaminé par ses soins : il l'écoute plus de vingt fois au concert, dit que l'audition de cette œuvre génère la fécondité et transforme l'auditeur en œuvre d'art. *Carmen*, c'est une musique parfaite, légère, souple, polie, méchante, raffinée, populaire, fataliste, gaie, et pour tout dire… africaine !

Entre son wagnérisme et son bizétisme, Nietzsche a été châtré par le trio Wagner/Bülow/Brahms – que Wagner détestait… En 1863, le philosophe offre sans vergogne à l'épouse de Wagner ses *Souvenirs d'une nuit de la Saint-Sylvestre* pour piano et violon. En 1869, il envoie la première version de la partition de son *Hymne à l'amitié* à Wagner pour sa fête. L'œuvre ne plaît pas au maître – qui le fait savoir à qui sait entendre… Ainsi, au lendemain de Noël 1874, le maestro écrit à Nietzsche resté à Bâle : « Mariez-vous ou composez un opéra : deux solutions aussi mauvaises l'une que l'autre. Pourtant je considère que la première est meilleure que la seconde. » Pouvait-on mieux signifier au philosophe qu'il n'était pas fait pour la composition ?

En 1872, le 20 juillet, il envoie sa *Manfred Meditation* à Hans von Bülow. Dans un projet de lettre du 29 octobre 1872 qu'il lui destine, Nietzsche écrit : « De ma musique je sais seulement qu'elle me permet de maîtriser une disposition affective qui, insatisfaite, produirait peut-être plus de dommages. » Le chef d'orchestre répond avec une rare brutalité ; Nietzsche accuse réception de cette violence avec un sidérant « Vénéré monsieur ». Bülow estime qu'il s'agit de « non-musique » ; que Nietzsche lui fait perdre son temps en lui soumettant pareilles inepties pour avis ; qu'il doit urgemment cesser de composer – Nietzsche acquiesce, remercie, s'excuse… Pendant les six années qui suivent la composition de *Manfred*, Nietzsche n'écrit plus une seule note...

En 1887, fâché avec Wagner, Nietzsche envoie la même partition à Brahms, l'ennemi du compositeur de Bayreuth... Réponse de l'intéressé sur une carte postale : «Johannes Brahms se permet de vous exprimer ses remerciements les plus empressés de votre envoi qu'il considère comme un honneur dont il vous est redevable. En hommage de haute considération»... Nietzsche avait envoyé sa partition à plusieurs personnes, Brahms fut le seul à accuser réception de cette façon réfrigérante et convenue...

Nietzsche continue tout de même la composition : un *Hymne à la solitude* (disparu) en 1875, une *Prière à la vie*, en fait une adaptation de l'*Hymne à l'amitié* sur un poème de Lou Salomé en 1882. En 1885 il envisage un opéra, *Marianna*, avec son ami Peter Gast. En 1887, Gast transcrit la *Prière à la vie* pour chœur et orchestre. La partition paraît à Leipzig. C'est sa seule œuvre musicale publiée... Début janvier 1889, Nietzsche entre en folie. Il passe dix années prostré, sans prononcer un seul mot – mais en jouant du piano parfois...

Compositeur empêché, Nietzsche sublime son talent musical dans l'écriture en général et dans *Ainsi parlait Zarathoustra* en particulier. En 1887, Nietzsche écrit à Gast : «Il est hors de doute que dans le tréfonds de mon être, j'aurais voulu *pouvoir* composer la musique que vous composez vous – et ma propre musique (bouquins compris) n'a été faite que *faute* de mieux. »

Cet immense poème est un opéra sans musique, un opéra a cappella, un opéra silencieux – mais aussi, paradoxalement, un opéra… wagnérien ! Le leitmotiv y tient en effet une place cardinale. Même si, dans *Contre Wagner,* Nietzsche fait du leitmotiv « un cure-dent idéal pour se débarrasser des déchets », pour ne prendre qu'elle, l'antienne d'*Ainsi parlait Zarathoustra* qui conclut, sauf deux ou trois exceptions, la totalité des chants du poème, agit comme un motif récurrent, sinon obsessionnel.

De même, ce grand poème symphonique est wagnérien dans l'assemblage des thèmes, dans la profusion des images, dans la musicalité des cadences sonores de la prose poétique du *livret,* dans le jeu phonique allitératif des mots, des phrases et des expressions du texte. Ce qui n'est pas composé est musiqué dans le poème.

Enfin, wagnérien, *Ainsi parlait Zarathoustra* l'est aussi par le souffle, la puissance, la capacité du poète à tenir son art sur la longue durée. Il l'est enfin par l'abondance des personnages qui gravitent autour d'un rôle-titre, par les décors romantiques (les grottes, les montagnes, le volcan, la lave, la nuit, la voûte étoilée, les animaux qui parlent…), par le ton romantique, même si Nietzsche affectait de détester cette sensibilité qu'il illustre à merveille !

L'œil noir de la mère, la perfidie de Wagner, la brutalité de Bülow, la morgue de Brahms privent Nietzsche de l'audace dont il nourrit sa prose. Son œuvre musicale porte la marque de ces castrations par son inachèvement, son inaboutissement. Mais on entend chanter la prose philosophique en même temps qu'on découvre, sous la partition nietzschéenne, un léger souffle que percevront les révolutionnaires de la musique au XXe siècle. Le dernier Scriabine, le premier Arnold Schönberg semblent partir de ce chant délicat exhalé par la musique de Nietzsche. Si le cosmos a décidé pour l'un de ses hôtes éphémères qu'il serait révolutionnaire, ici ou ailleurs, ou autre part, il le devient. *Amor fati...*

10.

Un disciple catalan de Nietzsche. La France est riche d'une école exégétique biblique vieille de quatre siècles : de Richard Simon, son inventeur, un contemporain de Bossuet, jusqu'à Jean Soler[1], un savant alors octogénaire auquel notre époque a scandaleusement tourné le dos, en passant par le curé Meslier, le baron d'Holbach, l'anarchiste Proudhon, le laïc Charles Guignebert, Paul-Louis Couchoud ou Prosper Alfaric qui nie l'existence historique de Jésus, il existe une école française remarquable de lecture des textes dits sacrés comme de textes historiques, ce que bien sûr ils sont. Le silence qui accompagne cette ligne de force scientifique s'explique dans un monde imprégné de judéo-christianisme.

Qui est Jean Soler ? Un érudit diplomate, un homme qui a passé sa vie à lire, traduire, analyser

1. Ce texte a été écrit en 2012. Jean Soler, né en 1933, est décédé le 16 juin 2019.

et éplucher dans leurs langues originales les textes fondateurs du monothéisme. Diplomate, il le fut huit années en Israël où il a été conseiller culturel et scientifique à l'ambassade de France. Il a également travaillé en Algérie, en Pologne, en Iran et en Belgique. Depuis 1993, ce défenseur des langues régionales vit en pays catalan et travaille dans un petit bureau bibliothèque lumineux comme une cellule monacale, entre mer et montagne, France et Espagne.

L'homme ne se répand pas, il va à l'essentiel. Son œuvre dense concentre le résultat d'années de travaux solitaires et de recherches loin du bruit et de la fureur. Voici pourquoi le fruit de ses études se trouve ramassé dans *Aux origines du Dieu unique*, un essai en trois volumes : *L'Invention du monothéisme* (2002), *La Loi de Moïse* (2003) et *Vie et mort dans la Bible* (2004). En 2009 il ajoute un opus intitulé *La Violence monothéiste.*

Cet agrégé de lettres classiques déconstruit les mythes et les légendes juives, chrétiennes et musulmanes avec la patience de l'horloger et l'efficacité d'un dynamiteur de montagne. Il excelle dans la patience du concept, il fournit ses preuves, il renvoie avec précision aux textes, il analyse minutieusement. Il a toutes les qualités de ce qui fait l'universitaire, au sens noble du terme ; voilà pourquoi l'Université qui manque de ces talents-là ne le reconnaît pas.

Cette patience de l'horloger qui ne convainc pas l'Université se double donc de l'efficacité du dynamiteur qui pourrait plaire aux journalistes. Mais, si l'Université ne doit pas aimer chez lui l'usage des bâtons de dynamite, les journalistes, eux, n'apprécient probablement pas sa méticulosité conceptuelle. Voilà pourquoi cet homme est seul et sa pensée révolutionnaire méconnue.

Certes, il a pour lui la caution d'un certain nombre de pointures intellectuelles du XXe siècle : Claude Lévi-Strauss, Jean-Pierre Vernant, Marcel Detienne, Maurice Godelier, Ilya Prigogine, mais aussi Edgar Morin, Claude Simon, René Schérer, Paul Veyne lui ont dit tout le bien qu'ils pensaient de son travail. Mais rien n'y fait, le nom de Jean Soler ne déborde pas le cercle trop étroit d'une poignée d'aficionados – même si ses livres, tous publiés aux Éditions de Fallois, se vendent bien.

Jean Soler vient donc d'avoir la bonne idée de faire paraître *Qui est Dieu ?*, un texte bref qui synthétise la totalité de son travail déjà pourtant quintessencié. Le résultat est un petit livre vif, rapide, dense, qui propose un feu d'artifice avec le restant de dynamite inutilisé… C'est peu dire qu'il s'y fera des ennemis tant le propos dérange les affidés des trois religions monothéistes.

Jean Soler démonte six idées reçues. Première idée reçue : la Bible dépasse en ancienneté les anciens textes fondateurs. Faux : les philosophes ne s'inspirent pas de l'Ancien Testament, car « la Bible est contemporaine, pour l'essentiel, de l'enseignement de Socrate et des œuvres de Platon. Remaniée et complétée plus tard, elle est même, en grande partie, une œuvre de l'époque hellénistique ».

Deuxième idée reçue : la Bible a fait connaître à l'humanité le dieu unique. Faux : ce livre enseigne le polythéisme et le dieu juif est l'un d'entre les dieux du panthéon, dieu national qui annonce qu'il sera fidèle à son peuple seulement si son peuple lui est fidèle. La religion juive n'est pas monothéiste mais monolâtrique : elle enseigne la préférence d'un dieu parmi d'autres. Le monothéisme juif est une construction qui date du Ve siècle avant l'ère commune.

Troisième idée reçue : la Bible a donné le premier exemple d'une morale universelle. Faux : ses prescriptions ne regardent pas l'universel et l'humanité, mais la tribu, le local dont il faut assurer l'être, la durée et la cohésion. L'amour du prochain ne concerne que le semblable, l'Hébreu ; pour les autres, la mise à mort est même conseillée.

Quatrième idée reçue : les prophètes ont promu la forme spiritualisée du culte hébraïque. Faux : pour les hommes de la Bible, il n'y a pas de vie après la mort. L'idée de résurrection est empruntée aux Perses, elle apparaît au IIe avant J.-C. Celle de l'immortalité de l'âme, absente de la Bible hébraïque, est empruntée aux Grecs.

Cinquième idée reçue : le Cantique des cantiques célèbre l'amour réciproque de Dieu et du peuple juif. Faux : ce texte est tout simplement un poème d'amour. S'il devait être allégorique, ce serait le seul livre crypté de la Bible.

Sixième idée reçue : Dieu a confié aux Juifs une mission au service de l'humanité. Faux : Dieu a célébré la pureté de ce peuple et interdit les mélanges, d'où les interdits alimentaires, les lois et les règles, l'interdiction des mélanges de sang, donc des mariages mixtes. Ce dieu a voulu la ségrégation, il a interdit la possibilité de la conversion, l'idée de traité avec les nations étrangères, et il ne vise pas autre chose que la constitution identitaire d'un peuple. Ce dieu est ethnique, national, identitaire.

*

Fort de ce premier déblayage radical, Jean Soler propose l'archéologie du monothéisme. À l'origine, les Hébreux croient à des dieux qui naissent, vivent et meurent. Leurs divinités sont diverses et multiples. Iahvé a même une femme, Ashera, reine du ciel à laquelle on sacrifie des offrandes – libations, gâteaux, encens. Pour ramasser cette idée dans une formule choc, Jean Soler écrit : « Moïse ne croyait pas en Dieu »… Le même Moïse, bien que scribe de la Torah, ne savait pas écrire : les Hébreux n'écrivent leur langue qu'à partir du IXe ou du VIIIe siècle. Si Iahvé avait écrit les dix commandements de sa main, les Israéliens n'auraient pas pu déchiffrer le texte avant plusieurs siècles.

Le dieu unique naît dès qu'il faut expliquer que ce dieu national et protecteur ne protège plus son peuple. Il y eut un temps béni, celui de la sortie d'Égypte, de la conquête de Canaan, de la constitution d'un royaume ; mais il y eut également un temps maudit : celui de la sécession lors de la création de la Samarie, un État indépendant, celui de son annexion par les Assyriens à la fin du VIIIe siècle et de la déportation du peuple, celui de la destruction de Jérusalem par le roi babylonien Nabuchodonosor au début du VIe.

Le monothéisme s'impose dans la deuxième moitié du IVe siècle. Le dieu des Perses qui leur est favorable devient le dieu des Juifs qui souhaitent eux aussi obtenir ses faveurs. Ce même dieu favorise l'un ou l'autre peuple selon ses mérites. On cesse de nommer Iahvé pour l'appeler Dieu ou Seigneur. Les Juifs réécrivent alors le premier chapitre de la Genèse.

Menacé de disparition physique, le peuple juif cherche son salut dans l'écrit. Il invente Moïse, un prophète scribe qui consigne la parole de Iahvé. Il se donne une existence littéraire et se réfugie dans les livres dont le contenu est arrêté par des rabbins vers l'an 100 de notre ère. Les Juifs deviennent alors le peuple du livre et du dieu unique.

Le dieu unique devient vengeur, jaloux, guerrier, belliqueux, cruel, misogyne. Jean Soler associe le polythéisme à la tolérance et le monothéisme à la violence : lorsqu'il existe une multiplicité de dieux, la cohabitation rend possible l'ajout d'un autre dieu, venu d'ailleurs ; quand il n'y a qu'un dieu, il est le vrai, l'unique, les autres sont faux. Dès lors, au nom du dieu un il faut lutter contre les autres dieux car le monothéisme affirme : « Tous les dieux sauf un sont inexistants. »

« Tu ne tueras point » est un commandement tribal, il concerne le peuple juif, et non l'humanité dans sa totalité. La preuve, Iahvé commande de tuer et, lisons Exode 32. 26-28, trois mille personnes périssent sur son ordre. Dans *Contre Apion*, l'historien juif Flavius Josèphe établit au Ier siècle de notre ère une longue liste des raisons qui justifient la peine de mort : adultère, viol, homosexualité, zoophilie, rébellion contre les parents, mensonge sur sa virginité, travail le jour du sabbat, etc.

Jean Soler aborde l'extermination des Cananéens par les Juifs et parle à ce propos d'« une politique de purification ethnique à l'encontre des nations de Canaan ». Puis il signale que le Livre de Josué précise qu'une trentaine de cités ont été détruites, ce qui lui permet d'affirmer que les Juifs inventent le génocide – « le premier en date dans la littérature mondiale »… Jean Soler poursuit en écrivant que cet acte généalogique

« est révélateur de la propension des Hébreux à ce que nous nommons aujourd'hui l'extrémisme ». Toujours soucieux d'opposer Athènes à Jérusalem, Jean Soler note que la Grèce forte de cent trente cités n'a jamais connu l'une d'entre elles ayant le désir d'exterminer les autres.

*

En avançant dans le temps, Jean Soler, on le voit, ouvre des dossiers sensibles. La lecture des textes dits sacrés relève effectivement de la politique. Il interroge donc la postérité du modèle hébraïque dans l'histoire et avance des hypothèses qui ne manqueront pas de choquer.

Le judaïsme, écrit-il, a été en crise cinq fois en mille ans. Il l'est aux alentours de l'an 0 de notre ère. D'où son attente d'un Messie capable de le sauver et de lui redonner sa splendeur. Il y a pléthore de prétendants, Jésus est l'un d'entre eux. Ce sectateur juif renonce au nationalisme de sa tribu au profit de l'universalisme. Dès lors, il n'y a qu'un dieu, et il est le dieu de tous. Plus besoin, donc, des interdits qui cimentaient la communauté tribale appelée à régner sur le monde une fois régénérée.

Si Jésus séparait bien les affaires religieuses et celles de l'État, qu'il récusait l'usage de la violence et prêchait un pacifisme radical, il n'en va pas de même avec l'empereur Constantin qui, en son nom, associe religion et politique dans son projet impérial théocratique. Sous son règne, les violences, la guerre, la persécution se trouvent légitimées – d'où les croisades, l'Inquisition, le colonialisme du Nouveau Monde. Pendant ce temps, les Juifs disparaissent de Palestine et constituent une diaspora planétaire. L'islam conquiert sans discontinuer et la première croisade, précisons-le, se trouve fomentée par les musulmans contre les chrétiens.

Le schéma judéo-chrétien s'impose, même à ceux qui se disent indemnes de cette religion. Jean Soler pense même le communisme et le nazisme dans la perspective schématique de ce modèle de pensée. Ainsi, chez Marx, le prolétariat joue le rôle du peuple élu, le monde y est vu en termes d'oppositions entre bien et mal, amis et ennemis, l'apocalypse (la guerre civile) annonce le millénarisme (la société sans classes).

De même chez Hitler dont Jean Soler montre qu'il n'a jamais été athée mais que, catholique d'éducation, il n'a jamais perdu la foi. Pour Jean Soler, « le nazisme selon *Mein Kampf* (1925) est le modèle hébraïque auquel il ne manque même pas Dieu » : Hitler est le guide de son peuple, comme Moïse ; le peuple élu n'est pas le peuple juif, mais le peuple allemand ; tout est bon pour assurer la suprématie de cette élection ; la pureté assure de l'excellence du peuple élu, dès lors, il faut interdire le mélange des sangs.

Pour l'auteur de *Qui est Dieu ?*, le nazisme détruit la position concurrente la plus dangereuse. Jean Soler cite Hitler qui écrit : « Je crois agir selon l'esprit du Tout-Puissant, notre créateur, car : “En me défendant contre le Juif, je combats pour défendre l'œuvre du Seigneur.” » Les soldats du Reich allemand ne portaient pas par hasard un ceinturon sur la boucle duquel on pouvait lire : « Dieu avec nous »…

*

On le voit bien, Jean Soler préfère la vérité qui dérange à l'illusion qui sécurise. Son œuvre gêne les juifs, les chrétiens, les communistes, les musulmans, ajoutons : les universitaires, les journalistes, sinon les néo-nazis. Ce qui, convenons-en, constitue un formidable bataillon ! Faut-il dès lors s'étonner qu'il n'ait pas l'audience que son travail mérite ?

L'accusation d'antisémitisme, bien sûr, est celle qui accueille le plus souvent ses recherches. Elle est l'insulte la plus efficace pour discréditer le travail d'une vie et l'être même d'un homme. En effet, Jean Soler détruit des mythes juifs : leur dieu fut un parmi beaucoup d'autres, puis il ne devint unique que sous la pression opportuniste ethnique et tribale, nationaliste. Le monothéisme devient une arme de guerre forgée tardivement pour permettre au peuple juif d'être et de durer, fût-ce au détriment des autres peuples. Il suppose une violence intrinsèque exterminatrice, intolérante qui dure jusqu'à aujourd'hui. La vérité du judaïsme se trouve dans le christianisme qui universalise un discours d'abord nationaliste. Autant de thèses iconoclastes !

À quoi Jean Soler ajoute que la Shoah ne saurait être ce qui est couramment dit : « un événement absolument unique, qui excéderait les limites de l'entendement humain. Effort désespéré pour accréditer à tout prix, jusque dans le pire malheur, l'élection par Dieu du peuple juif ! En réalité, l'existence de la Shoah est la preuve irréfutable de la non-existence de Dieu ». Soler inscrit la Shoah dans l'histoire et non dans le mythe. Il lui reconnaît un rôle majeur, mais qu'il est le premier à établir dans la série des lectures de cet événement terrible : non pas événement inédit, mais preuve définitive de l'inexistence de Dieu – quel esprit assez libre pourra entendre cette lecture philosophique et historique ?

Jean Soler, on le voit, a déclaré une guerre totale aux monothéismes. Bien sûr, il ne souhaite pas revenir au polythéisme antique, mais il propose que nous nous mettions *enfin* à l'école de la Grèce après plus de mille ans de domination judéo-chrétienne. Une Grèce qui ignore l'intolérance, la banalisation de la peine de mort, les guerres de destruction massive entre les cités ; une Grèce qui célèbre le culte des femmes ; une Grèce qui ignore le péché, la faute, la culpabilité ;

une Grèce qui n'a pas souhaité l'extermination massive de ses adversaires ; une Grèce qui, à Athènes où arrive saint Paul, avait édifié un autel au dieu inconnu comme preuve de sa générosité et de son hospitalité – cet autel fut décrété par Paul de Tarse l'autel de son dieu unique, le seul, le vrai. Constantin devait donner à Paul les moyens de son rêve.

Nous vivons encore sous le régime de Jérusalem. Jean Soler, solitaire et décidé, campe debout, droit devant deux mille ans d'histoire, et propose une renaissance grecque. Le déni étant l'une des signatures du nihilisme contemporain, on peut décliner l'invitation. Mais pourra-t-on refuser plus longtemps de débattre de l'avenir de notre civilisation ? Avons-nous les moyens de continuer à refuser le tragique de l'histoire pour lui préférer la comédie des mythes et des légendes ? Nietzsche aurait aimé ce disciple. Et nous ?

11.

Les modalités de l'immatériel. Le Littré fonctionne comme l'arbre généalogique des mots. On doit à ce dictionnaire magnifique les étymologies qui racontent ce que tout le monde a oublié. L'usage du verbe produit une usure du mot. Un jour, un terme se trouve dans une bouche qui en ignore la saveur, la texture, la souplesse, le sens – donc la vérité. À l'heure où notre Occident iconophile croule sous les abus d'images, il nous faut revenir à la construction du mot *photographier*.

Il y a dans ce signifiant un joli signifié : l'écriture et la lumière, l'écriture de la lumière, l'écriture lumineuse… Avec la photographie, le réel chromatique en trois dimensions devient surface plane bicolore. Le monde ouvert entre dans un cadre fermé. La vie bougeante, tremblante, flottante devient une image fixe, arrêtée, stoppée. Le mouvement bloqué livre alors un secret : au cœur même de ce qui bouge, il y a l'immobilité. Ainsi, en dépliant une musique sur le même principe, on découvre ce qui gît à son épicentre : le silence.

Le photographe peut photographier des sujets ; la lumière devient alors secondaire, son écriture est un moyen pour une fin qui est l'image. Mais il peut aussi photographier la lumière ; les sujets passent alors au second plan, l'écriture devient ainsi une fin pour une autre fin qui se nomme l'image. Pascal Dusapin est un photographe du second monde, un sculpteur de lumière comme il est, dans l'exercice de son métier de compositeur, un sculpteur de temps.

L'homme qui compose des symphonies, des quatuors, des opéras fait rendre gorge au temps en le contraignant à emprunter ses volutes, ses arabesques, ses flux, ses directions. Le même qui photographie de grandes mégapoles du monde cherche à soumettre l'espace, et il y parvient, en le faisant entrer dans un cadre où il demeure. Chasseur de temps, dompteur d'espace, sinon dompteur de temps et chasseur d'espace, Pascal Dusapin construit ses photos comme il sculpte des blocs de temps quand il écrit de la musique.

D'ailleurs, des mélodies s'échappent de ses photos : les friselis à bas bruit d'un blanc qui sature une pièce juste blessée par le noir d'une clenche de porte qui invite à découvrir l'espace agencé autour d'elle ; le murmure du dépliage d'un papier audible dans la saisie du mouvement des branches d'un arbre citadin en hiver ; le son du silence lors du déplacement d'une ombre dans une pièce lumineuse dans laquelle se trouve une table en verre plusieurs fois saisie dans son immobilité troublée par les rais ombragés ; les timbres étouffés montés d'une rue dans une mégapole américaine ; le pas mat d'un homme qui marche entre ombre et lumière, mais aussi entre deux granulations murales, entre deux façons d'être ; la cacophonie du trafic urbain comprimée et retenue, matée, par le verre de vitrines ; le clapotis de l'eau sous la gondole vibrant et dégageant les reflets qui inspiraient Luigi Nono…

Mais le sujet est un prétexte chez Pascal Dusapin, car il photographie moins des voitures dans les rues, des vêtements dans des vitrines, des chambres d'hôtel, une lampe de chevet posée sur un meuble dans une pièce anonyme, des rues new-yorkaises creusées dans la masse de verre d'un canyon d'immeubles, des canaux vénitiens noirs comme la peste, des scènes de plage où flottent des vêtements vidés de leurs corps, des tables basses dans une pièce vide de tout sauf de lumière, que *les modalités de l'immatériel* qui se manifestent dans ces incarnations. Certes, il y a la chair du monde, la prose du réel, sinon la prose du monde et la chair du réel, mais il y a également tout ce qui ne vit qu'un temps, comme en musique, le son ne dure qu'un moment bref : le contre-jour, le reflet, l'ombre, la transparence, le flux, le flou, le nuage, voilà le suc de ces fruits de lumière.

La trace laissée par des camions sur la plage dit ce qui intéresse essentiellement Pascal Dusapin : l'éphémère.

Or l'éphémère est la figure la plus proche de l'immatériel – et, en tant que tel, il constitue le matériau même de la musique. Il est un tout petit peu plus que rien, presque rien. Un quart de ton de l'univers depuis qu'il existe. Photographie et musique sont donc, chez Pascal Dusapin, l'avers et le revers de la même médaille, le recto et le verso d'une feuille identique. C'est un même artiste qui sculpte le temps avec sa musique et l'espace avec ses photos.

Éphémère le contre-jour qui permet de tailler dans le réel comme on découpe des ombres chinoises ou des profils dans un papier noir ; éphémère le mouvement de rideau et le filtrage de la lumière par le grain du voile qui sépare une plante verte devenue noire et un visage rose lui aussi devenu noir ; éphémère le passage des trams et des voitures dans une rue selon une configuration qui ne reviendra jamais ; éphémère cette scène de plage qui se réverbère dans des vitres ouvertes et mélange des espaces différents dans un même cadre ; éphémère ce nuage troué de lumière comme un monde nihiliste dans lequel une brèche de clarté surgirait ; éphémère le crantage du sable par le caoutchouc d'un gros véhicule qui dessine des géométries effacées par le retour de la mer, le souffle du vent ou le jeu des enfants ;

éphémères les ombres qui se déplacent lentement dans une pièce et qu'une série capte dans une collection de glissements infimes, de mouvements presque invisibles…

Chaque cliché raconte autant qu'une pièce brève de Webern : un monde de solitude où les structures occupent plus de place que les hommes. En émule du Gilles Deleuze de *Différence et répétition*, Pascal Dusapin est un structuraliste, un photographe structuraliste, un compositeur structuraliste, un homme structuraliste. Sous la chair il voit d'abord le squelette ; en soulevant la jupe du monde, il découvre en premier lieu des flux, des forces, des dynamiques, des principes architectoniques, puis une vibration qu'il cherche à tout prix à capter pour la capturer dans une cage de lumière.

Ainsi, le croisement de passages cloutés nippons, l'architecture d'ombres portées sur le sable par des structures métalliques, la Voie lactée artificielle canalisée dans le flux nocturne d'une rue près du Bon Marché, la ligne de coupe d'arbres taillés dessinant une oblique parfaite dans le ciel, les volumes écrasés dans des plans par la réverbération de vitrines, voilà pour les structures ; pour l'absence d'humains, des pieds sans corps, des ombres sans chair, des silhouettes sans carcasses, des visages sans face, mais aussi, dans des vitrines, deux paires de chaussures sans pieds, une robe sans femme, un smoking sans homme, des habits de bal pour un monde dans lequel il n'y aurait plus ni hommes ni bals…

Lorsqu'il joue avec le temps de l'espace, avec ses photographies et avec l'espace du temps dans ses compositions musicales, Pascal Dusapin immobilise à chaque fois du mouvement et obtient un pur graphisme : une ligne mélodique, la visualisation d'un son, une figuration de l'immatériel, une partition sur laquelle s'accrochent les chiffres du réel et les nombres du monde.

Jamais peut-être mieux que dans ces photos qu'on pourrait dire *floues* Pascal Dusapin n'atteint ce qu'il cherche : une matérialisation de l'immatériel, une saisie pure de l'éphémère, un arrêt du temps – comme pour mieux en conjurer les effets. Musiquer le temps et musiquer l'espace, autrement dit, musiquer le monde, Pascal Dusapin ne se refera pas : il était dit qu'il viendrait sur terre pour travailler en fils de Chronos…

12.

Petite phénoménologie des oiseaux. Depuis le début, la grammaire d'objets fétiches de Velickovic comporte des oiseaux. Avec des chiens, des rats et des chauves-souris. Le bestiaire renseigne sur les animaux qui vivent sous terre, ceux qui vivent sur elle, mais errent à sa surface, et ceux qui hantent le ciel. La métamorphose de ces animaux montre comment bouge la peinture de l'artiste. Sa peinture évolue dans un même monde grâce aux élargissements, aux précisions, aux concentrations et autres opérations de mise au point.

En 1974, un *Chien, variation sur le thème d'un autoportrait* montre un animal vif, tout en muscles, fait pour la vitesse, animal de proie lancé comme un projectile en direction d'une victime à déchiqueter. La bête est programmée pour l'attaque. On le voit comme un fuseau, voire un fuselage. Plus récemment, en 2006, un *Pitbull* prend la place de ce qui ressemblait à un lévrier : massif, trapu, épais, moins brutalité faite vitesse que puissance, il a la gueule pleine du sang de cadavres décapités et dévorés sur un champ de bataille. Autre variation sur le thème de l'autoportrait? L'artiste aurait laissé tomber le profilage élégant du projectile pour l'attaque massive? Peut-être. Car l'histoire est passée, le temps a coulé. Cette boule de chair qui quitte la toile par le bas et fonce vers la sortie de la peinture n'est plus la fusée confinée à l'horizontalité saisie par la méthode d'un Muybridge devenu peintre, mais la force qui déboule sans prévenir.

Les oiseaux picorent dans *Épouvantail* – dès 1963. Mais ces derniers temps, les petits volatiles saisis dans leurs silhouettes se sont envolés au profit de monstres. Non pas qu'il s'agisse d'autres oiseaux, mais de nouvelles perspectives sur les mêmes. Ils constituent moins le décor que le sujet. Ces créatures lointaines font moins peur que le chien fou ou le rat enragé. Mais dès que le peintre les saisit dans leur intimité, dès qu'il en fait la phénoménologie, il grossit le trait, rapproche, focalise et nous voyons ces animaux a priori sympathiques comme d'authentiques monstres.

Je ne sais si l'ornithologie y retrouverait ses petits. Certes, tout ce qui fait l'oiseau s'y trouve : bec et ongles, ailes et plumes, tête et bréchet. Mais s'agit-il de corbeaux, de freux, de choucas, de corneilles? On ne sait… Parfois les ailes font songer aux voilures des chauves-souris, immenses gréements noirs d'une piraterie mortelle. Le bec pourrait être celui d'un aigle, d'une buse, d'un condor – de toute façon, il s'agit d'une arme, d'un ciseau, d'un rasoir qui plonge vers la chair d'un homme. Les serres ne sont pas peintes mais dessinées : ainsi, on voit mieux leurs nouages de peaux sèches, l'enrobé d'un épiderme de serpent avec ses écailles ou bien…

Ou bien ce détail qui réveille nos souvenirs : les oiseaux sont les seuls descendants des dinosaures sur terre. Cette peau d'oiseau dit le cuir préhistorique de ces bêtes monstrueuses. Dès lors, l'ornithologue n'y trouvera peut-être pas son compte, l'artiste si : il peint la frayeur ancestrale, la généalogie de la violence, la brutalité primitive. Il raconte en écho les cris et les hurlements des premiers hommes adonnés à la sauvagerie sans borne.

Le cerveau des oiseaux de Vladimir Velickovic n'est pas petite cervelle de linotte, mais gros instrument de calcul d'une machine à tuer. Les anciennes pattes avant du dinosaure sont devenues des ailes, elles portent cette mécanique de mort dans les airs. Elle vole, silencieuse, au-dessus de la tête des hommes qui, voûtés et courbés, penchés vers le sol à cause de leurs fardeaux ontologiques, ne voient pas le danger leur tomber dessus. Le mal vient du ciel.

L'oiseau noir veut la blessure. Il la fait. Quand elle est faite, il s'en nourrit. Ce charognard est anthropophage. Comme ces vautours qui plongeaient sur les Tours du Silence des zoroastriens pour dévorer les cadavres déposés par les vivants afin de leur assurer le rituel nécessaire à la suite de leur vie après la mort, les oiseaux du peintre fondent sur les charognes abandonnées par les hommes au cours de batailles dont on ignore tout – guerres réelles ou combats métaphoriques, belligérants nationaux ou figurations du mal que l'homme fait à son semblable…

L'oiseau tueur est aussi parfois un oiseau tué. Pendu par les pattes comme parfois des hommes, il témoigne qu'il n'y a pas des prédateurs ici et des proies là, chacun dans un camp bien déterminé, mais que, tour à tour, nous sommes prédateurs et proies. Le grand oiseau qui tua a été tué. Le vol magnifique s'est arrêté et la bête gît, la tête en bas, l'œil crevé, les ailes comme des bras ballants, un filet de sang écrivant le nom de la mort. *Piège* dit le titre… Leçon éthique et politique.

Une autre fois, dans *Grünewald*, l'oiseau mystique couvre de son envergure les bras ouverts d'un Christ au crâne rasé. L'oiseau vient-il pour ajouter des blessures au corps du supplicié ? Pour commencer à le dévorer ? Songeons au Christ janséniste qui n'a pas les bras ouverts, mais rassemblés et dirigés vers le haut de la croix : l'oiseau fait-il de ses ailes une arche en contrepoint aux bras ouverts du Fils de Dieu pour signifier qu'il accueillait les hommes, tous les hommes, y compris ses assassins ? Est-il un genre d'âme qui s'élève vers le ciel, une âme noire, un genre d'anti-colombe ?

Dans *Corbeau*, un homme supplicié, décapité, gît, posé et attaché au sommet d'une croix de saint Antoine, un Tau. On songe à Prométhée, le foie dévoré par un aigle, puni pour avoir donné le feu aux hommes. Prométhée passe aussi pour avoir rattrapé l'erreur de son frère Épiméthée qui avait fait les animaux plus forts, plus rapides, plus courageux et plus rusés que les hommes grâce aux poils, aux ongles, aux serres et aux plumes…

Enfin, *Proie* montre un oiseau lâchant une tête humaine qui va s'écraser sur le sol et donner une infâme bouillie de chair, d'os, de cervelle, d'yeux crevés, de sang. Cette tête fut celle d'un homme ayant aimé, donné de l'amour, ri, souri, parlé, crié, chanté, pensé et qui ne sera plus qu'une boue sanguinolente séchée par le soleil, dévorée par un chien, effacée par la pluie. Ce qui fut ne sera plus, l'être va au néant, c'est son destin.

Les oiseaux, chez Velickovic, donnent des leçons de vanité. Voilà pourquoi ses peintures sont si difficiles à regarder – mais tellement riches en perspectives… hédonistes ! Les oiseaux nous guettent et la mort avec elle. Il est peu probable que nous ayons à connaître concrètement le châtiment des oiseaux, mais il est certain que nous le subirons métaphoriquement. Un corbeau ne lâchera pas notre tête comme un escargot pour en manger le corps gluant, mais notre tête finira ainsi, en bouillie. Comme le reste. Dès lors, en attendant les oiseaux, *vivons*…

13.

Catastrophe de la pensée catastrophiste. L'un des signes du nihilisme contemporain se trouve dans le pessimisme : la quasi-totalité des problèmes d'aujourd'hui sont abordés sous l'angle du pire. La logique médiatique n'est pas pour peu dans la prolifération de cette négativité : elle ne vit en effet que de la catastrophe. Qui peut imaginer une « ouverture » du journal de 20 heures (la grand-messe cathodique qui fabrique l'opinion comme le fit pendant plus d'un millénaire la grand-messe catholique...) avec une bonne nouvelle ? Le fait divers accroche l'auditeur, à savoir le consommateur de publicité, autrement dit la cible de l'actionnaire, mieux qu'une information positive. Quelle une de presse écrite se fait avec autre chose que le sensationnel ? Ce tropisme s'explique par le fait que les médias fonctionnent moins avec le cerveau, la raison et l'intelligence qu'avec les émotions, les tripes et le pathos. Le journaliste est l'homme des passions tristes. La catastrophe est l'aubaine médiatique par excellence.

Auschwitz a produit des effets philosophiques déprimants – à juste titre. Certains penseurs honorables de l'École de Francfort ont décrété la faillite définitive de la raison ou l'obscénité d'écrire encore de la poésie après les camps. Voyez *Éclipse de la raison* d'Adorno et Horkheimer. En France, d'autres ont théorisé l'impossibilité de la pensée en décrétant impensable ce qui, justement, aurait dû être pensé. Or si la Shoah a eu lieu, c'est moins un effet de *trop de raison* qu'un produit de *pas assez de raison*, mais nullement un *effet de raison* !

L'une de ces pensées déprimantes fut celle de Hans Jonas, l'auteur en 1979 d'un ouvrage majeur dans la construction d'une pensée européenne d'après les camps. *Le Principe responsabilité* développe l'idée d'une nécessaire « heuristique de la peur » (autrement dit : d'un bon usage de l'effroi) pour amener les hommes à agir de manière éthique. Défaite de la pensée qu'une pensée qui joue avec la frayeur plus qu'avec la raison et qui choisit de *faire peur* plutôt que de *faire penser* – car l'un et l'autre se contredisent ! Jonas part du principe qu'on convertit mieux en agitant des épouvantails qu'en éduquant. Aujourd'hui, les films de Nicolas Hulot ou de Yann Arthus-Bertrand mettent ce scénario philosophique en images grand public.

Hans Jonas écrivit également *Le Concept de Dieu après Auschwitz* (1987) dans lequel il se demande ce qu'est un Dieu qui laisse faire pareille monstruosité. De sorte que ce philosophe s'installe dans la logique de la croyance, de la foi – autrement dit, une fois de plus, dans un registre exactement contraire à la raison. En appeler à l'apocalypse pour accélérer l'épiphanie relève du messianisme, mais sûrement pas de la philosophie des Lumières dont je persiste à penser qu'elle reste d'actualité – avec urgence même…

Jonas écrivit contre *Le Principe espérance* (1954-1959) d'Ernst Bloch et contre *L'Esprit de l'utopie* (1918). On ne lit pas assez ce philosophe qui défend l'« utopie concrète » dans l'esprit des Lumières et les « épures d'un monde meilleur » dans l'optique des possibles de gauche et non dans l'ordre terrifiant de l'idéal. La pensée de la catastrophe de Jonas se construit sur les débris de l'hitlérisme et sur la réification du capitalisme qui transforme les autres, le monde et la nature en objets exploitables – donc exploités. Mais elle ajoute de la peur à la peur et entrave un usage correct de la raison. Cette pensée sombre d'un monde sombre devait fatalement générer l'adhésion du plus grand nombre…

La pensée de la catastrophe dispose en France de son thuriféraire avec Paul Virilio dont l'œuvre entière, catholique déclarée, prétend que l'apocalypse est une bonne méthode pour annoncer l'évangile, au sens étymologique : la bonne nouvelle. Virilio pense toujours le réel à partir du pire : s'il parle avion, il disserte sur le crash ; s'il entretient de la voiture, il devise sur l'accident ; s'il aborde le train, il parle déraillement ; s'il s'exprime sur le bateau, il renvoie au naufrage ; s'il touche à la question de l'informatique, il glose sur le bug.

Tout le monde a oublié que dans les mois qui ont précédé le passage à l'an 2000, il était le penseur invité de la catastrophe : il annonça partout, livres, articles, débats, conférences, plateaux de télévision, articles, expositions à la Fondation Cartier, catalogues, que, tout étant désormais piloté par informatique, l'impéritie des programmeurs qui avaient oublié que le 31 décembre 1999 après minuit nous passerions au 1er janvier de l'an 2000 (!) nous vaudrait des avions qui s'écraseraient, des bateaux qui rateraient l'entrée dans le port, des embouteillages monstrueux, des distributeurs de billets qui vomiraient leurs grosses coupures. Au matin de la nouvelle année, pas un seul distributeur de sous-préfecture n'a délivré de francs comme un cadeau de Noël un peu tardif… Nonobstant l'invalidation cruelle de sa théorie par les faits, la pensée catastrophiste de Paul Virilio fait toujours autorité en la matière.

*

La pensée du réel à partir de la peur concerne évidemment le nucléaire, un objet rarement considéré par les philosophes. Quand il l'est, par Karl Jaspers dans *La Bombe atomique et l'Avenir de l'homme* (1958), par Günther Anders dans *La Menace nucléaire – Considérations radicales sur l'âge atomique* (1981), ou par Glucksmann dans *La Force du vertige* (1983), c'est dans la perspective polémologique de la guerre nucléaire, rarement dans celle de l'usage civil de cette énergie politique.

J'écris « énergie politique » car elle fut décidée par le général de Gaulle selon des considérations politiques et nullement écologiques – un souci alors ultraminoritaire, même si à cette époque on pouvait lire Ellul ou Charbonneau, deux excellents philosophes injustement oubliés. Le chef de l'État dont le credo, ici comme ailleurs, était la souveraineté de la nation, voulait que la France ne dépende de personne en matière d'énergie. À défaut de pétrole, et dans la perspective d'épuisement des énergies fossiles comme le charbon, le nucléaire offrait en pleine guerre froide une possibilité d'indépendance nationale en matière d'énergie civile. Avec la bombe atomique, le chef de l'État assurait également une position de force qui dissuadait les Américains ou les Soviétiques de songer à faire de la France une colonie ou une base arrière à leurs impérialismes. Revers de la médaille, l'indépendance de la France se payait tout de même d'une politique africaine cynique et machiavélienne – on ne trouve pas d'uranium dans le Cantal ou en Corrèze…

Le nucléaire civil permet le confort bourgeois auquel personne ne s'oppose, à droite comme à gauche, du moins tant qu'il s'agit de partis susceptibles de gouverner la France de façon réelle plus qu'idéologique. L'électricité nourrit les appareils domestiques qui simplifient la vie – la machine à laver au lieu du lavoir, le four au lieu de la cheminée, le radiateur au lieu du mirus, le néon au lieu de la bougie, le frigidaire au lieu du garde-manger… Elle alimente les instruments de communication – les batteries des téléphones portables, le secteur des ordinateurs, le transformateur des télévisions. Qui oserait aujourd'hui inviter à vivre sans électricité ?

Dès lors, la question est simple : soit on refuse l'électricité et le problème de sa production nucléaire disparaît ; soit on est condamné à sa production. Et ses formes renouvelables ? Séduisantes, à la mode, dans le vent de l'écologie, certes, mais, semble-t-il, insuffisantes pour les besoins quotidiens et réguliers de notre consommation actuelle. Le photovoltaïque, la biomasse, l'éolien, l'hydraulique fonctionnent en appoint mais ne suffisent pas à répondre à la totalité du considérable besoin d'énergie de nos civilisations.

*

Avec la catastrophe japonaise de Fukushima la tentation est grande de renoncer à la raison, puis de convoquer l'émotion. Les images télévisées montrent le cataclysme en boucle et les commentaires de prétendus experts mériteraient eux aussi d'être montrés en boucle, mais plus d'une journée : on verrait ainsi comment ceux qui, le jour même, écartent absolument la fusion du réacteur comme une vue de l'esprit, nous expliquent aujourd'hui qu'elle est possible, voire probable, avant qu'ils ne la commentent après coup en expliquant qu'elle était inévitable dès le premier jour... Le traitement médiatique de cette catastrophe est hystérique, incantatoire, acéphale – comment par exemple, en commentant les images qui montraient l'étendue de la catastrophe, donc qui prouvaient l'hécatombe en vies humaines, le journaliste peut-il annoncer *en même temps* un bilan de 19 morts, bilan alourdi à 21 une heure plus tard ?

Cette catastrophe n'est pas pensée par la classe politique en dehors de la politique politicienne. Les écologistes avancent leurs pions. Qui pourrait d'ailleurs leur en vouloir ? La droite et la gauche de gouvernement qui soutiennent la politique nucléaire française font des effets d'annonce car eux aussi songent aux prochaines échéances électorales. Mais tout cela n'est jamais que torse bombé devant les caméras. On annonce des réunions, des vérifications, des tests, des commissions, mais une fois l'émotion passée, gageons que rien ne sera fait. Le restant du spectre politique qui n'arrive jamais au pouvoir peut se permettre de jouer la carte de l'éthique de conviction sans souci de l'éthique de responsabilité : il suffit dès lors d'arrêter tout de suite les centrales et de se mettre aux énergies renouvelables demain matin...

Or il nous faut penser en dehors des émotions. La catastrophe fait partie du monde. Catastrophes mythologique et religieuse si l'on y croit (Adam et Ève chassés du paradis originel, le Déluge, la destruction de Sodome et Gomorrhe, les plaies d'Égypte) ou, plus sérieusement, catastrophe naturelle (la chute d'une météorite qui détruit les dinosaures, l'engloutissement de l'Atlantide, Pompéi rayé de la carte par l'éruption du Vésuve, le tremblement de terre de Lisbonne suivi d'un raz-de-marée, les tremblements de terre de San Francisco ou plus récemment d'Haïti...), on ne peut pas grand-chose contre elles. En revanche on peut contre les catastrophes culturelles, autrement dit, celles dont la responsabilité totale incombe aux hommes (massacres, dictatures, tyrannies, génocides, guerres, pollutions massives, etc.).

Ce qui a lieu au Japon relève *d'abord* de la catastrophe naturelle, rappelons-le : une catastrophe géomorphologique explicable par la tectonique des plaques, suivie d'un raz-de-marée consécutif au déplacement de ces plaques. Cette vague scélérate ne procède pas des hommes, mais de la nature. Que celle-ci endommage tout ce qui se trouve sur son passage, y compris des centrales nucléaires, rien que de très normal… Les lois de la nature sont connues depuis longtemps et seule leur ignorance par une poignée d'hommes a causé ce qui a eu lieu. Cette ignorance en fait *ensuite* une catastrophe culturelle.

En effet, nul n'ignore que le Japon, se trouvant à la confluence de plusieurs plaques, est un lieu sismique du globe par excellence. Dès lors, le problème est moins le nucléaire que l'impéritie des Japonais qui, conscients que leur pays est sujet aux tremblements de terre, donc aux tsunamis qui les accompagnent quand l'épicentre est en mer près des côtes, ont tout de même construit des centrales nucléaires bien qu'ils sachent possible, pensable, sinon probable, le fameux « Big One » qui détruirait le pays tout entier.

Le Japon et les Japonais ont fait prendre des risques considérables à l'humanité et à la planète. Si l'on construit ses villes au pied d'un volcan, il ne faut pas s'étonner un jour qu'elles disparaissent sous la lave et la cendre. Si l'on bâtit 17 centrales nucléaires, pour un total de 55 réacteurs, dans un pays régulièrement sujet aux secousses sismiques, il faut bien que cette *catastrophe naturelle inévitable* soit amplifiée par la *catastrophe culturelle évitable* qu'est la multiplication de ces bombes atomiques japonaises potentielles…

La question semble moins « pour ou contre le nucléaire » que « pour ou contre les pleins pouvoirs » à ceux qui transforment les centrales nucléaires en occasions de bénéfices et de profits considérables, en instruments à fonctionnement paramilitaire, en vestibules au marché du nucléaire militaire et en bombes atomiques potentielles placées à l'entrée des villes où le peuple vit, aime et travaille.

Ici ou ailleurs, il est temps que, comme avec la diplomatie et la politique étrangère qui échappent au pouvoir du peuple, les élites rendent des comptes aux citoyens. Le nucléaire ne doit pas être remis en cause dans son être mais dans son fonctionnement : il doit cesser d'être un reliquat monarchique pour devenir une affaire républicaine.

14.

Une partie mémorielle de nous-mêmes. J'ai eu l'enfance d'un petit garçon de campagne : un animal de compagnie, un petit chien bâtard nommé Frisette, plus tard un chat qui était l'animal de ma mère, un genre d'objet transitionnel dont j'enviais les caresses prodiguées par sa propriétaire et qui ailleurs faisaient défaut... Voilà pour l'animalerie domestique. Il y avait également l'animalerie sauvage, celle des vairons et des anguilles de la rivière de mon village natal, des grenouilles pêchées dans les mares alentour, puis mangées à la crème... À quoi il faut ajouter l'animalerie alimentaire, les lapins dans leurs clapiers, les poules et les coqs dans leur basse-cour. Parfois le dimanche, mes parents allaient chez des amis fermiers. Dans l'étable, je côtoyais les vaches et buvais sans l'aimer le fade lait mousseux tiède au sortir du pis. Tout cela s'accompagne de bruits et d'odeurs, de parfums et de moiteurs. Bouse de vache, urine de lapin, odeur acide de la crotte de poule, crottin des chevaux. Rien de gênant : la nature...

La mise à mort des animaux faisait partie des choses de la vie : nous étions malebranchistes sans le savoir, par tradition cartésienne, autrement dit, par filiation chrétienne, sous prétexte que les animaux n'ont pas d'âme, au contraire des hommes. Dès lors, comme le père oratorien bottait le derrière d'un chien en philosophant qu'il n'y avait là qu'assemblage de ressorts et rouages sans sentiments, les campagnards de mon enfance enfonçaient le couteau dans l'œil d'un lapin avant de le lui arracher pour le saigner ; ils coupaient le cou d'un canard qui pouvait, nonobstant la décapitation, continuer sa course affolée dans le pré ; ils sectionnaient la tête de l'anguille et tiraient avec une pince la peau préhistorique en la tenant avec un papier journal pour la dépouiller plus facilement pendant que, sans tête et sans peau, sans viscères et sans cerveau, elle continuait à onduler ; ils plongeaient la tête d'un pigeon dans un verre d'eau pour l'étouffer avant de l'ébouillanter pour le plumer ; ils jetaient contre les murs la portée de petits chats qui n'avaient pu être placés, sinon ils les enfermaient dans un sac, puis les abandonnaient à la rivière ; ils assommaient le cochon à la masse, le saignaient, mais, parfois, le coup n'avait pas fait son effet, alors l'animal s'échappait en hurlant dans la nature, puis se déchirait aux barbelés du champ ; etc.

Pourquoi n'aurait-on jamais réservé à Frisette le sort dévolu au lapin ? Faire au chien de compagnie ce qu'on imposait à l'animal destiné au civet était impensable… Même le paysan rompu aux brutalités de la ferme n'aurait pas consenti à tuer son chien pourtant traité… comme un chien ! Décharné, dépoilu, croûteux, galeux, le cou abîmé par une courte chaîne, la terre piétinée et morte à cause des sempiternelles allées et venues du désespoir, il n'aurait tout de même pas accepté le couteau sur la gorge ou la lame rentrée dans l'œil de son chien…

Car notre rapport aux animaux est réglé par une loi non écrite héritée du christianisme. Dieu a créé le monde dans l'ordre que nous savons : du ciel et de la terre jusqu'à l'homme, puis la femme, en passant par l'herbe, les arbres, les fruits, les étoiles. Le cinquième jour, Dieu crée les oiseaux, les monstres marins, les bestiaux, les reptiles, les bêtes sauvages. Pour donner un ordre à ce monde, il fut dit aux hommes : « Dominez sur les poissons de la mer, sur les oiseaux du ciel et sur tout être vivant qui rampe sur la terre. » Depuis, ils dominent…

C'est-à-dire qu'ils élèvent les animaux pour les manger, se vêtir, se protéger du froid et de la pluie, des ronces et des pierres ; ils les attellent pour ouvrir plus profond le ventre de la terre avec le soc, puis semer ou planter ; ils les gardent auprès du feu comme protecteurs capables d'éloigner d'autres bêtes dangereuses ou d'alerter la tribu assoupie en cas de danger ; ils les chevauchent pour guerroyer ; ils les égorgent pour être agréables aux dieux. Des millénaires plus tard, nous ne sommes guère plus avancés...

Les animaux manquant d'âme, on conclut qu'ils n'ont pas de langage, d'intelligence, de sentiments, d'affects. Mais quelle est la mesure de l'âme ? Quels sont les critères du langage, de l'intelligence, etc. ? L'homme se fait la mesure de toute chose. Dès lors, il extrapole ses fantasmes aussi loin qu'il le peut : sa peur de la mort lui fait inventer un arrière-monde dans lequel les trépassés restent éternellement vivants. Pour ce faire, l'astuce consiste à doter le mortel d'une part immortelle. Elle sera donc invisible, immatérielle, un genre de parcelle de la divinité en nous avec laquelle nous pourrions entamer un dialogue avec l'au-delà. Sur le principe que le même va vers le même, l'âme est faite du bois dont on fait Dieu et l'arrière-monde. Les animaux se trouvent exclus de cette fiction : les hommes pourvus d'une âme ont décidé que les animaux n'en avaient pas...

À quoi, en effet, conduirait l'hypothèse d'une âme pour les animaux ? Un paradis pour les hérissons, un enfer pour les ténias, un purgatoire pour les rats ? La fiction chrétienne a postulé l'existence du libre arbitre en l'homme : pour pouvoir être puni, il faut être coupable, pour pouvoir être coupable, il faut être déclaré responsable, pour pouvoir être responsable, nous devons être dotés d'une capacité à choisir, autrement dit : à faire volontairement le bien ou le mal. *Donc*, nous avons une âme…

Les animaux, c'est connu, n'ont ni liberté, ni libre arbitre, ils incarnent la quintessence du déterminisme : ils sont condamnés à répéter leur être – comme si Darwin ne donnait pas tort à cette bêtise ! Les bêtes, qui pourtant ne sont pas bêtes, sont donc assimilables aux arbres ou aux pierres, au restant de la nature. L'homme est bien le sommet de la Création, il dispose donc du droit de faire ce qu'il veut de tout ce qui n'est pas lui.

La tradition philosophique est dualiste, spiritualiste, chrétienne, kantienne, autrement dit, elle avalise la pensée chrétienne sur la question de l'animal. De Platon à Heidegger via Augustin, Descartes et Kant, la philosophie dominante, institutionnelle, universitaire, celle qu'on lit en classe de philo, traduit, édite en livre de poche, travaille à l'université, cette pensée-là, donc, s'affirme en général spéciste.

En revanche, en avançant sur le terrain de la philosophie oubliée, négligée, méprisée, persécutée par l'idéologie dominante, et ce pour mon projet de contre-histoire de la philosophie, j'ai découvert depuis plus de quinze ans une tradition singulière : celle des philosophes monistes, matérialistes, atomistes, abdéritains, épicuriens, pour lesquels il n'y a pas, comme pour les chrétiens, une différence de nature entre l'homme et l'animal, mais une différence de degré. Ce qui change tout…

Les atomes qui constituent les planètes, ceux qui structurent le grain de sable, les particules de l'infiniment grand et celles de l'infiniment petit, les molécules qui composent un philosophe et celles qui donnent son âme (matérielle) à une baleine, *sont les mêmes…* Les matérialistes l'enseignent : il n'existe qu'une seule substance diversement modifiée. L'astrophysicien le prouve : nous effectuons tous des variations multiples sur le thème d'une seule et même étoile effondrée il y a plusieurs milliards d'années. Dès lors, il n'y a pas les hommes et le reste du monde, dont les animaux; mais les hommes, le reste du monde, les animaux comme autant de variations sur un même thème : celui de la matière.

Cela change la donne. Car on ne regarde plus de la même manière les animaux si l'on s'installe dans une position surplombante ou si l'on adopte un autre point de vue, égalitaire. Si l'animal est notre prochain, *une partie mémorielle de nous-mêmes*, ce que je crois, alors il y a en lui ce qui se trouve aussi en nous, mais que des millénaires d'acculturation ont recouvert, contraint, écrasé, affecté, amoindri, méprisé, négligé, détruit, massacré, maltraité. Autrement dit : une nature brute et directe, une horloge impeccable, un sismographe hypersensible, une sensitivité exacerbée, une vérité simple à être, une matérialité cosmique, une pure présence immanente, une force tranquille, une affectivité immédiate, une vitalité préhistorique.

La culture a longtemps été un art de comprendre la nature afin d'y trouver sa place : l'animisme, le totémisme, le polythéisme, le paganisme témoignent en ce sens, et ce pendant des millénaires. Puis, avec l'avènement des cités et le rouleau compresseur monothéiste qui veut des textes et des bibliothèques, des scribes et des prêtres, la culture est devenue ratiocination de cabinet. Le paysan a cessé d'être le modèle, Virgile a laissé place au clergé d'une secte qui a cessé de lire la vérité du monde dans les étoiles, comme les animaux et les paysans, pour se pencher funestement sur les grimoires et les parchemins.

Donc, Darwin nous enseigne une vérité considérable : il n'y a pas de différence de nature mais une différence de degré entre l'homme et l'animal. Dès lors, oublieux de ce dont nous provenons, ingrats quant à notre parentèle immémoriale, arrogants quand il s'agit de rappeler que notre boîte crânienne contient toujours (aussi et encore...) un cerveau reptilien, nous sommes devenus bien souvent des monstres – ce que ne sont jamais les animaux.

Monstre celui qui jouit de tuer, jubile à faire souffrir, monstre l'être dépravé qui met à mort pour le simple plaisir de supprimer une vie, monstre celui qui fait de la mort un spectacle, monstre l'être qui exulte à effacer de la planète l'être d'un être : y a-t-il l'équivalent d'Auschwitz, de Gilles de Rais, de saint Hubert, de Savonarole ou d'El Cordobés chez les animaux ? Non. Un animal tue pour manger. Repu, il ne met jamais à mort son prochain – *lui.* Il existe donc une humanité chez les animaux qui pourrait donner des leçons à ceux de nos semblables qui manifestent une animalité (mais on vient de le voir, le mot ne convient pas...) dans leur hypothétique humanité.

Dès lors, on pourrait imaginer que l'éthologie puisse remplacer la théologie pour fonder une éthique post-moderne. Loin de croire qu'il faut nous dénaturer pour être véritablement des hommes, je pense que nous devons bien plutôt nous ensauvager afin de prendre les leçons données par les animaux : ne pas tourner le dos au cosmos, ne pas ignorer la nature, ne pas feindre de n'avoir rien à voir avec ce qui n'est pas nous, écouter ce que nous enseigne l'arbre, ce que nous apprend l'herbe, ce que nous disent les animaux, et ce afin de parfaire notre humanité.

Alors peut-être pourra-t-on envisager que, moins séparés de la nature, plus soucieux de ses leçons de sagesse, nous soyons moins pervers, moins débiles, moins tordus, moins faux, moins menteurs, moins fourbes et hypocrites, moins névrosés, moins psychopathes, moins agressifs. La culture n'est pas une anti-nature, ni une contre-nature, mais un art de sculpter la nature. Mais cela est une autre histoire...

15.

Reste à vouloir... Comme il existe des poètes maudits, on trouve également des philosophes maudits. Bernard Charbonneau est l'un d'entre eux... Pourquoi ? Parce que, philosophe en dehors de l'institution, il s'avère l'un de ceux qui nourrissent ce que j'appelle la contre-histoire de la philosophie. D'abord il n'est pas parisien, formé dans des écoles où l'on formate les apprentis philosophes à disserter habilement sur tous les sujets (sans disposer d'une seule conviction personnelle, sinon celle d'entretenir le monde comme il va...), mais provincial, bordelais plus particulièrement ; ensuite, bien que philosophe, ou, plus justement, parce que véritable philosophe, il ne jargonne pas, ne se croit pas d'autant plus profond qu'il serait obscur, incompréhensible, verbeux et créateur de néologismes qui constituent autant de poudres aux yeux conceptuelles ; également parce qu'il ne pense pas l'exercice philosophique comme une interminable glose sur les textes de penseurs canoniques, mais parce qu'il sait la philosophie pensée du réel le plus immanent, du monde le plus concret; philosophe maudit aussi par sa provenance intellectuelle : il vient de la géographie, et non des lettres, autrement dit du monde de la terre et non des mots.

Parce que philosophe maudit, l'institution ne lui donne pas la place qu'il mérite, et, disons-le nettement, c'est très bien ainsi. On imagine ce que feraient les institutionnels, les professeurs, les universitaires, les normaliens, les agrégés, les docteurs de cette pensée anti-institutionnelle, voire contre-institutionnelle. Des séminaires? Des thèses? Des colloques? Des congrès? Finalement des sujets de dissertation? Des prétextes à commentaires de textes pour les classes de terminale? Frémissons d'un pareil destin... Pour un peu, avec pareille engeance, il finirait par être commémoré sur un timbre-poste, léché par le quidam...

Bernard Charbonneau est un Heidegger sans la fumée conceptuelle, sans les brumes germaniques, sans la posture qui est imposture, sans l'engagement politique minable, sans la chaire universitaire, sans l'obscurité de la prose qui est obscurantisme de la pensée. Vous me direz, s'il est Heidegger sans tout ce qui fait Heidegger, que reste-t-il d'Heidegger? Je vous répondrai : en effet... Pas grand-chose, sinon, ce qui n'est pas rien, une critique de la technocratie scientifique, du progrès industriel, de la dictature de l'économie, de la religion productiviste, de l'oubli de la nature et de la mise en péril de la planète. Autrement dit : le Heidegger que lisent aujourd'hui les écologistes allemands. Mais un heideggérien de gauche, voilà qui pose plus et mieux son homme qu'un « personnaliste du Sud-Ouest ». La corporation philosophante des gendelettres à Paris préférera toujours un philosophe allemand, fût-il ancien nazi, à un penseur libertaire français.

Charbonneau manifeste une autre opposition massive avec les philosophes officiels et institutionnels : s'il pense la vie, et non les livres, il souhaite également que la philosophie ne soit pas un exercice intellectuel, un jeu verbal, une rhétorique entre gens de bonne compagnie, mais la propédeutique à une révolution individuelle, spirituelle, existentielle concrète.

Quand d'aucuns, adossés à de formidables bibliothèques, théorisent la révolution pour demain, Charbonneau propose ici et maintenant, dans sa vie quotidienne, de vivre sa philosophie. Le libertaire antiautoritaire critiquant la société de consommation et le modernisme technologique vit en ascète, en renonçant dans ce monde-là. Là où certains philosophes font l'éloge de Sparte tout en menant une vie de satrape, Charbonneau célèbre une vie bonne et la mène en dehors des clous...

Un festin pour Tantale contient tous les ingrédients de cette excellente cuisine philosophique gasconne : souci du réel, volonté de concret, pensée du corps véritable, élection de la table comme un lieu philosophique, considération que la nourriture est un révélateur de ce que l'on est, de ce que l'on veut, de nos rêves et de nos fantasmes, de nos peurs et de nos angoisses, de nos aspirations et de nos échecs. Elle dit notre civilisation tout autant que notre barbarie. Ces temps-ci, elle manifeste sans conteste notre barbarie…

Chacun connaît cet adage qui dit : « Dis-moi ce que tu manges, je te dirai qui tu es » en ignorant souvent qu'on le trouve dans la *Physiologie du goût* de Brillat-Savarin, lui aussi un philosophe que les professionnels de la profession ont rangé une fois pour toutes dans la catégorie condescendante des monomaniaques de l'écriture gastronomique. (Qui d'ailleurs aujourd'hui connaît le courant philosophique des « Idéologues » auquel je l'ai raccroché dans *La Raison gourmande*? Et combien même de philosophes encartés connaissent ce moment oublié de l'histoire de la philosophie française ?)

Bernard Charbonneau saisit cette idée à pleine bouche et fait ce livre stupéfiant, *Un festin pour Tantale*, qui est une comète dans le ciel des idées, une trace rare dans le cosmos philosophant ! Ce livre enseigne en précurseur ce qu'avec le temps nous finissions par savoir tous : l'agriculture productiviste tue les gens. Elle les tue réellement et non métaphoriquement.

La paysannerie traditionnelle qui produisait peu, mais bon et bien, est morte ravagée par les engins agricoles qui furent les tanks de cette guerre de civilisation. Le potager familial a laissé place aux étendues sans fin de légumes empoisonnés produits en quantités industrielles, c'est le cas de le dire. L'ingestion de cette chimie toxique présentée comme une nourriture équivaut à un holocauste majeur *voulu* par l'industrie agroalimentaire. Cette révolution qui se mène au cri de « *Viva la muerte !* » se décide dans les bureaux des politiques de droite et de gauche qui ont le libéralisme pour religion. Le marché faisant la loi dans les champs génère, via l'assiette, la construction de nouveaux centres anticancéreux qu'on remplit de ces victimes innocentes.

Dans cette apocalypse de mort, il existe encore des îlots épargnés dans lesquels la vie fait toujours la loi. Sur le mode proudhonien, libertaire et anti-autoritaire, girondin et pragmatique, individuel et responsabilisant, Bernard Charbonneau invite chacun à mener une révolution citoyenne. En émule de l'ami de Montaigne, La Boétie, son voisin du Périgord, qui écrivait dans son *Discours de la servitude volontaire* : « Soyez résolus de ne plus servir et vous voilà libres », l'ami d'Ellul enseigne que nous pouvons, si nous le voulons, renverser la dictature qui nous soumet et tue autour de nous sans relâche. Le voulons-nous vraiment ? Si oui, nous le pouvons… Reste à vouloir…

16.

L'art de gifler un cadavre. Un bon mot peut tuer. D'ailleurs, s'il s'avère bon, il tue. Tuer un homme, tuer une pensée, tuer une œuvre, tuer une réputation, tuer le travail d'une vie, tuer l'effort d'une existence – tuer. L'expression « Camus, philosophe pour classes terminales » fut explicitement pensée dans cette perspective meurtrière. Cette formule d'un idiot utile du sartrisme a beaucoup servi, elle sert encore trop chez les ratiocineurs. Paresse de l'intelligence, elle permet de briller à peu de frais et d'éluder la discussion sur le fond d'une œuvre faussement célèbre et vraiment méconnue.

En France, nous souffrons d'une imprégnation intellectuelle sartrienne. Malgré la chute du mur de Berlin et la fermeture des goulags dans les pays de l'Est, le schéma de la légende imposé par le couple Sartre et Beauvoir en matière de valeurs philosophiques produit toujours des effets : un stalinien frotté au langage de la phénoménologie pèse toujours plus qu'un philosophe libertaire écrivant dans la langue de Voltaire. Aujourd'hui encore, des millions de morts plus tard, l'École normale supérieure, Mao et le maoïsme, l'idée communiste et la défense du rôle positif de Staline, passent pour le comble de la Vérité en politique !

Cette expression, qui fut un titre de livre avant de devenir jugement commun, procède du langage stalinien de l'époque de la guerre froide. Ce livre constitue une machine de guerre qui désinforme en utilisant les habituels procédés du dénigrement intellectuel : présentation de thèses qui ne sont pas celles de l'auteur afin de mieux les pulvériser; simplification de la pensée pour triompher plus facilement avec débauche de sophistique, de rhétorique, de dialectique et autres procédés constitutifs des fictions; déni que l'autre soit ce qu'il est – philosophe par exemple; fausses démonstrations à l'aide de véritables amalgames qui recourent légèrement à Vichy, Pétain, Hitler et au fascisme pour discréditer; multiplication des formules méprisantes forgées pour faire rire et blesser; commentaires de citations hors contexte dans le but de leur faire dire le contraire de ce qu'elles expriment; avalisation des réputations fabriquées au zinc des comptoirs en leur donnant une allure conceptuelle, théorique, philosophique et définitive; calomnies les plus grossières, la plus massive faisant de Camus un homme de droite – parce qu'il ne défend pas la même gauche que ses adversaires.

Dans ce monde intellectuel où la gauche fait la loi, passer pour un homme de droite disqualifie définitivement. Dès lors, on reproche à Camus d'être du côté des conservateurs, de la réaction, de la bourgeoisie, de la défense du monde comme il va, de prendre le parti des Américains, en oubliant que, sa vie durant, il n'a cessé d'incarner un *socialisme* libertaire. Des engagements algériens de la première heure au dernier article donné à une revue anarchiste en Argentine en passant par le contenu même de *L'Homme révolté* qui promeut les Enragés de la Révolution française, les ancêtres des anarchistes, défend les analyses de Pierre-Joseph Proudhon sur le caractère pervers du pouvoir, célèbre les potentialités de l'anarcho-syndicalisme, vante le caractère exemplaire des anarchistes espagnols, Camus a emprunté une voie que les tenants du *socialisme autoritaire*, dont Sartre et les siens, devaient violemment discréditer. Plutôt que procéder avec un débat loyal, l'insulte a pris le pas…

*

« Camus, philosophe pour classes terminales » se veut donc une insulte. Précisons d'abord que, dans cette expression, on trouve tout de même le mot « philosophe » ! Dès lors, posons-nous la question : quand et comment se révèle-t-on un penseur pour apprentis bacheliers ? Ajoutons celle-ci : en quoi serait-ce plus méprisable que d'être un philosophe pour l'École normale supérieure ou la Sorbonne – ce que fut, est, et restera Sartre ? Dans cette insulte se joue le mépris du philosophe débordant la caste des professionnels qui confisque la discipline pour un usage sectaire et incestueux. L'alternative est donc : philosophe pour classes terminales ou philosophe pour gens du métier. Camus était lu par des gens simples et modestes, pour le dire en un mot : par le peuple – péché mortel pour la caste philosophante qui affiche une démocratie de façade mais pratique en élitiste.

Revenons à cette première interrogation : que serait un philosophe pour classes terminales ? *Un philosophe pour les apprentis philosophes.* Qui peut dire, parmi les gens de la caste, qu'il n'a jamais appris la discipline et que, pour être ce qu'il est devenu, il ne lui a jamais fallu s'en instruire ? Qu'il est sorti de la cuisse d'un Jupiter philosophant sans avoir besoin de lire, écrire, commenter, écouter un maître à même de le conduire dans les labyrinthes de cette discipline complexe surgissant au premier abord comme une forteresse impossible à pénétrer ? Car il faut bien des maîtres, au sens antique du terme, pour ceux qui désirent entrer dans ce château fort sinon imprenable.

Quelles qualités sont nécessaires à ce maître de sagesse qui initie à la philosophie ? Celles de Camus : la clarté de l'exposé; l'élégance de l'expression; une simplicité n'excluant pas la profondeur; un souci de l'interlocuteur sans pour autant produire explicitement pour lui; une volonté pédagogique de se faire comprendre; une option démocratique aux antipodes d'une proposition démagogique; un art de varier les angles d'attaque d'un même monde; une obsession de l'immanence; un talent pour exposer et expliquer afin de rendre limpide ce qui résiste à la compréhension; enfin, un amour des gens qui n'est pas désir de les séduire, mais envie de partager.

On voit bien comment ces qualités constituent un anti-portrait de Jean-Paul Sartre, philosophe pour métaphysiciens de profession. L'auteur de la *Critique de la raison dialectique* pratiquait l'obscurité conceptuelle agrémentée d'une profusion de néologismes empruntés à l'allemand phénoménologique; il maniait la lourde pâte langagière du normalien effectuant un exercice scolaire avec variation sur le thème imposé; il manifestait un goût pour l'autisme auquel contraint le vocabulaire ésotérique qui exige l'initiation, donc la cooptation sectaire; il ne cachait pas son envie d'entrer dans l'histoire de la philosophie aux côtés des grands noms plutôt que de concerner un homme du commun en dehors de l'École. Sartre communiait dans la religion du Concept, le culte de l'Idée, la célébration du Transcendantal, insoucieux de la véritable prose du monde…

*

L'opposition entre le *philosophe pour classes terminales* et le *philosophe pour philosophes* active l'ancienne dialectique du sage et du professeur, du personnage qui pense pour vivre, Camus, et de qui philosophe pour philosopher, Sartre. D'une part, une proposition de vie philosophique, de l'autre, un exercice théorétique. Dans l'histoire de la philosophie, la première ligne de force est socratique : elle invite à une conversion existentielle; la seconde, platonicienne, envisage le monde pour produire un beau système comme on sculpterait une belle statue dans le marbre – une chose agréable à l'entendement, rien de plus. L'art de vivre contre l'art pour l'art.

Camus s'inscrit dans le lignage socratique aux côtés d'Épicure et de Lucrèce, de Sénèque et de Marc-Aurèle, de Montaigne et de Pascal, de Voltaire et d'Helvetius, de Diderot et d'Holbach, de Kierkegaard, Nietzsche ou Simone Weil. Aucun de ces philosophes majeurs n'a été professeur de philosophie, universitaire, aucun n'a tenu séminaire de glose, car tous ont pensé leur vie et vécu leur pensée dans le souci de faire coïncider les deux mondes et de nourrir l'un par l'autre.

Précisons que tous écrivaient une langue simple, claire, accessible, dans laquelle tout jargon est banni. La plupart du temps, les professeurs de philosophie à l'Université détournent le regard avec mépris et condescendance devant ces œuvres éclipsées par les monuments conceptuels.

Sans conteste, Sartre incarne la tradition platonicienne avec un talent consommé pour la sophistique, la rhétorique, la dialectique, le raisonnement brillant mis au service de la cause, peu importe laquelle. On le trouve dans cette ligne de force qui rassemble les Pères de l'Église, ces talentueux bretteurs fournisseurs de concepts au pouvoir qu'ils servent (le christianisme pour la patristique, le marxisme pour Sartre et les sartriens...), les professeurs de l'Université germanique, Hegel en tête et l'idéalisme allemand en navire amiral, puis les prestidigitateurs du verbe phénoménologique, Husserl puis Heidegger. Mais où sont les propositions existentielles de ces parleurs en chaire ? Qu'est-ce qu'une vie philosophique selon Pseudo-Denys l'Aréopagite, *La Science de la logique* ou *L'Idée de la phénoménologie ?* Certes, à cette mesure, Camus n'est pas un philosophe. Mais à la mesure socratique, Sartre ne l'est pas non plus... On peut vivre selon *Noces*; on ne le saurait selon *L'Être et le Néant.*

Le *philosophe pour classes terminales* produit l'effet de conversion (et non le professeur de philosophie en classe terminale qui, dans la meilleure hypothèse, n'en est que le passeur...) à la manière du portefaix Protagoras abandonnant son travail pour se consacrer à la philosophie après avoir rencontré Démocrite. Le *philosophe pour philosophes* (le professeur, donc...) se contente de produire des vocations bureaucratiques, administratives, fonctionnaires, universitaires dans la discipline, il ouvre à une carrière avec, souvent, une grosse thèse démembrée et prodiguée en petits articles publiés dans des revues confidentielles, en cours professés *ex cathedra*, en séminaires groupusculaires, en conférences intimes, parfois en un livre unique aux tirages ridicules indexés sur la prescription obligatoire de l'enseignant. Le premier est un poète de l'existence ; le second un technicien du concept.

*

Voici donc les présupposés de cette expression de combat résumée dans ce titre : un souverain mépris affiché pour la philosophie existentielle par un défenseur du philosophe existentialiste... L'un veut la vie philosophique, l'autre la doctrine philosophante. Le premier n'a cure du vocabulaire technique de la corporation qui, de ce fait, lui dénie le droit même d'être philosophe ; le second produit des théories qu'il ne vit pas et qui, dès lors, peuvent se contenter d'obéir au seul caprice de sa cervelle.

À qui doit-on ce qui se voulait une insulte et méprisait à la fois Camus, la philosophie existentielle, les apprentis philosophes, l'initiation à cette discipline dans la classe terminale et le public de non-spécialistes qui souhaite, comme les acteurs de cette activité dans l'antiquité gréco-romaine, accéder à cet art de penser pour produire une vie réussie ? Quel connaisseur de cette formule fatale peut donner le nom de son auteur ? Il s'agit de Jean-Jacques Brochier qui fit paraître ce *Camus, philosophe pour classes terminales* en 1970 chez Balland, un livre régulièrement réédité, par exemple à La Différence en 2001. Qui est cet homme ? Quels sont ses faits d'armes intellectuels, sinon philosophiques ? Brochier fut un journaliste… On lui doit ce genre d'œuvres : *Vive la chasse* (1980), *Anthologie du sanglier* (1988), *Je fume, et alors ?* (1990), *Anthologie de la bécassine et des petits échassiers* (1994) et autres fulgurances du même acabit sur le cerf, le lapin ou les canards sauvages. D'authentiques états de services conceptuels donc.

Comme beaucoup, Brochier fut un *idiot utile* du sartrisme. Le livre paraît en 1970, autrement dit à une période de basses eaux philosophiques pour Jean-Paul Sartre. Abîmé par l'usage immodéré de l'alcool, des drogues, des amphétamines, du tabac à haute dose, ayant perdu la vue, incapable de lire ou d'écrire, fatigué, fragile, influençable, à la merci d'aigrefins de tout ordre, le philosophe n'a que soixante-cinq ans, mais il a délibérément brûlé son capital santé pour laisser une trace dans l'histoire. Mai 68 ne lui a pas donné raison, son marxisme n'est pas l'horizon indépassable de l'époque, la pulsion libidinale gauchiste l'a débordé. Il se fait contester par une nouvelle génération de philosophes bien décidés à le supplanter dans son rôle. Le structuralisme exige le leadership, la jeunesse se montre sans pitié : Sartre est un homme malade et un philosophe sur le déclin. Son étoile a brillé, elle pâlit.

L'époque des pensums illisibles écrits sous les effets de la corydrane est terminée. *L'Être et le Néant* date de 1943, la *Critique de la raison dialectique* de 1960. Avec force amphétamines, une substance dangereuse pour la santé et le style, Sartre travaille à son Flaubert, certes, mais n'a rien publié de massif sur le terrain philosophique depuis dix ans… Comme il théorise l'engagement après avoir oublié de s'engager pendant l'Occupation, il se convertit au maoïsme après avoir assisté aux événements de Mai en spectateur plus qu'en acteur. Le voilà donc directeur de *La Cause du peuple* qu'il vend dans la rue, puis responsable d'un tas d'autres publications gauchistes qu'il protège de la justice par son immunité intellectuelle. 1970, c'est également l'année où, tâchant de monter dans le train de l'histoire une fois de plus manqué en 68, il tâche de rattraper son retard : l'auteur de l'*Esquisse d'une théorie des émotions* grimpe sur un tonneau à Billancourt et invite à un front commun réunissant le prolétariat, les intellectuels et lui. Réussite iconique, ratage politique.

*

En 1970 paraît un volumineux *Les Écrits de Sartre – Chronologie, bibliographie commentée.* Ces 784 pages publiées chez Gallimard sentent le sapin intellectuel… Cette même année, Sartre commence une série d'entretiens avec John Gerassi : deux rencontres par mois entre novembre et juin 1974 constituent la matière d'informations prises par tout le monde pour argent comptant. Aujourd'hui encore, malgré le fourmillement de contrevérités, l'ouvrage existe sans notes destinées à contrer la légende, ni précautions d'emploi…

Le souci de réécrire une vie pour en gommer les erreurs, les errances et en fournir une version hagiographique destinée à la postérité anime évidemment Simone de Beauvoir, l'ardente propagandiste de la légende rédigée par un témoin prétendument digne de foi, puisque la plus proche du héros. *Mémoires d'une jeune fille rangée* (1958), *La Force de l'âge* (1960), *La Force des choses* (1963) avant, bientôt, *Tout compte fait* (1972) auquel elle travaille alors, sculptent la légende sartrienne. En déclaration d'intention, elle affirme : « Dissiper les mystifications, dire la vérité, c'est un des buts que j'ai le plus obstinément poursuivis à travers mes livres. » Or, il y a loin de la coupe des intentions biographiques aux lèvres de la mémorialiste hagiographique...

Le livre de Jean-Jacques Brochier entre dans cette stratégie mythographique pour laquelle il s'agit moins de vérité, de sincérité, de loyauté, d'histoire, que de construction d'une *légende* via l'élaboration d'une série de fictions : *Sartre évadé*, alors qu'il a été libéré pour bons et loyaux services d'animation culturelle dans son stalag, sinon par protection de Drieu la Rochelle ; *Sartre impeccable pendant l'Occupation*, alors qu'il fut en bonne intelligence avec nombre d'autorités régissant la vie culturelle parisienne sous l'Occupation ; *Sartre résistant*, alors qu'il a écrit dans *Comœdia*, un journal de la presse collaborationniste, de 1941 à 1944 ; *Sartre converti à la politique en 1939*, alors qu'il en découvrira les charmes à la Libération après avoir compris l'utilité d'accompagner les communistes alors au sommet de la vague..

Le seul homme ayant fait œuvre d'historien sur Sartre et Beauvoir c'est Gilbert Joseph, l'auteur d'*Une si douce Occupation – Simone de Beauvoir et Jean-Paul Sartre 1940-1944*, un ouvrage redoutable par les révélations apportées, parfois avec hargne et colère, sur ces personnages, numéros des cotes de la Bibliothèque nationale à l'appui. Un magnifique ouvrage destructeur de légendes que la presse a accueilli haineusement, certains journalistes allant jusqu'à faire de son auteur un homme avec lequel Vichy aurait trouvé son historien – un personnage honorable qui, à dix-sept ans, se trouvait dans les maquis du Vercors…

*

Le livre de Jean-Jacques Brochier entre donc dans la logique stratégique des sartriens qui aspirent à faire de leur héros déclinant une valeur montante sûre… L'auteur de *Camus, philosophe pour classes terminales* a également publié *Pour Sartre – Le jour où Sartre refusa le Nobel* (1995), un texte qui, à son corps défendant, permet de lutter contre la légende d'un Sartre compagnon de route ayant rompu officiellement avec le Parti communiste français et son soutien aux pays de l'Est après Budapest en 1956 puisque, en 1964, lors de son Nobel, le philosophe écrit : « Mes sympathies vont indéniablement au socialisme et à ce que l'on appelle le bloc de l'Est ». La chose se trouve clairement dite. Le *Dictionnaire Sartre,* monument hagiographique s'il en est, jure et crache pourtant qu'en 1956, Sartre avait compris…

De façon binaire et primaire, Brochier entretient l'idée d'un Camus philosophe de seconde zone contre un Sartre de premier plan, puis d'un moraliste naïf, iréniste, simpliste et simplet, contre un politique visionnaire, génial, lucide, progressiste et libérateur. La vulgate qui oblige à lire Camus avec les lunettes de Sartre et des sartriens s'origine dans ce livre de mauvaise foi qui sépare la pensée française en pensée *molle* avec Camus et en pensée probablement *dure* avec Sartre.

Je n'aurai pas la cruauté de m'attarder sur le passage dans lequel Brochier délire sur l'usage fait par Camus du mot « viril » dans ses éditoriaux. Un terme qui, selon lui, « fait fâcheusement partie, depuis longtemps, de la terminologie d'extrême droite ». Dans la condamnation même d'Édouard Herriot, des locutions comme « énerver les âmes et détendre les énergies » ne sont pas sans rappeler les termes avec lesquels, en 1940, la Légion des combattants accusait Gide d'être responsable de la défaite pour avoir « amolli les âmes, et, *mutatis mutandis,* le ridicule spectaculaire avec lequel l'hebdomadaire *Minute* fait campagne contre les "pourrisseurs" ». Avec le journaliste, un mot, même pas de travers, suffit pour être mort.

Si Brochier devait avoir raison, que signifierait dès lors sous sa propre plume cette phrase : « On sait la passion que l'on a en France pour l'idéalisme au ventre mou. Camus lui en fournissait une expression adéquate » ? Le « ventre mou » de Camus contre quoi ? Le sexe dur de Sartre ? Le lit n'était pas non plus un endroit où Sartre brillait par sa capacité à s'engager véritablement... Lire ou relire les *Mémoires d'une jeune fille dérangée* de Bianca Lamblin.

Jean-Jacques Brochier critique le style d'Albert Camus – boursouflé, emphatique, redondant, abusant des grands mots, mal fichu, etc. Quel exemple de belle écriture nous donne Brochier qui fait la leçon ? Cette phrase, par exemple, glanée dans son *Pour Sartre* : « Les vieux apparatchiks dont la spécialité est de vous passer la main dans le dos par-devant pour mieux vous cracher à la figure par-derrière, et qui, selon les circonstances, vous encensent ou vous insultent. » Le lecteur appréciera la scène : *passer la main dans le dos par-devant* en même temps, performance anatomique, que *cracher à la figure par-derrière*... Pareille latéralisation fait douter de sa légitimité à parler de « droite » ou de « gauche ».

*

Quelles sont les thèses de ce qu'il faut appeler un pamphlet ? Car on use souvent mal à propos de ce terme pour qualifier tout livre sévère ou tranchant sur les habitudes hypocrites de la corporation. À l'origine, un pamphlet nomme un « petit texte, une brochure sur un sujet d'actualité ». Par la suite, selon le *Dictionnaire historique de la langue française* d'Alain Rey, il désigne un « petit livre, [un] court écrit satirique, qui attaque avec violence le pouvoir établi, les institutions, un personnage connu ». De fait, ce livre léger aussi en signes recourt à la violence : il insulte, méprise, procède par amalgames, fait rire sans souci de véracité, avec même un souverain mépris de la vérité.

Brochier pense *contre Camus* en croyant qu'il œuvrera *pour Sartre*. Vingt ans après sa mort, Camus bénéficie d'un incroyable succès alors que Sartre, bien que vivant, n'est plus l'étoile philosophique qu'il fut... Ce succès, dit-il, croit-il, serait visible dans les classes terminales pour lesquelles l'auteur ne semble pas avoir de compétences particulières : un journaliste ignore la vie des salles dans lesquelles s'enseigne la philosophie avec – faut-il le rappeler ? – un programme officiel, institutionnel, concocté par les caciques de l'administration. Remarquons avec une joie non feinte que Camus n'a jamais figuré dans cette liste publiée au Bulletin officiel – au contraire de Sartre ! Qui est le philosophe pour classes terminales ?

Si d'aventure Brochier avait eu le sens historique, ou la fibre vraiment journalistique, il se serait enquis de la mode dans le petit milieu philosophant. Dans un premier temps, le chroniqueur aurait vu que son héros n'y figurait pas.... On ne lisait déjà plus depuis bien longtemps *L'Être et le Néant* ou la *Critique de la raison dialectique*, tout juste *La Nausée* à égalité avec *La Peste* et *L'Étranger*, mais pas en terminale, l'année d'avant le bac lettres... Dans un second temps, il aurait également appris que *L'Homme révolté* ou *Le Mythe de Sisyphe* n'étaient guère plus prisés par le corps enseignant !

Un peu de sens historique n'aurait pas fait de mal à Brochier qui n'a cessé de reprocher à Camus d'en manquer : l'époque est au structuralisme, et non à l'auteur de *Noces*, ce grand poème hédoniste et intempestif. Autrement dit : l'heure de gloire a sonné pour les ennemis les plus déterminés de Sartre, cette jeune génération qui pousse l'ancien vers la sortie… On lit avec passion *Le Degré zéro de l'écriture* (1953) de Roland Barthes ou ses *Mythologies* (1957) après son *Système de la mode* (1967) et avant *S/Z* (1970) ; on se passionne pour l'*Anthropologie structurale* (1958) de Lévi-Strauss ; on s'arrache L'*Histoire de la folie à l'âge classique* (1961) de Foucault, *Les Mots et les Choses* sont le succès philosophique de l'année 1966 ; on débat sur *Lire le Capital* d'Althusser (1965) ; on glose à perte de sens sur les *Écrits* (1966) de Lacan ; on s'emballe pour *Logique du sens* (1969), mais surtout pour *Nietzsche et la philosophie* (1962) de Gilles Deleuze ; on ratiocine avec *De la grammatologie* et *L'Écriture et la différence*, deux ouvrages de Derrida parus en 1967. Par ailleurs, Vincennes vient d'ouvrir et là s'élabore la philosophie vivante, contre Sartre, du moins sans lui, avec des happenings restés célèbres qui déclassent l'ancien petit compagnon de Raymond Aron. Pendant ce temps, le vieux normalien court une fois de plus après le train de l'histoire en compagnie du jeune maoïste Pierre Victor, futur Benny Lévy, en publiant *On a raison de se révolter*, en 1974 – avec deux ans de retard, le temps de faire un livre…

Camus n'est donc pas le penseur du moment! Sur les campus, on lit Chomsky et Marcuse, Reich et Debord, Vaneigem et Lefebvre en plus des autres philosophes précités, mais sûrement pas la *Critique de la raison dialectique* ou *L'Homme révolté*... Les situationnistes renvoient au surréalisme, au dadaïsme, au lettrisme, les groupuscules gauchistes à leurs tyrans (Trotski, Mao), les libidinaux à leurs effigies (Freud, qui aurait été stupéfait de ce détournement, Reich, Fromm...). Pendant ce temps, le Parti communiste français fustige la contraception, stigmatise Cohn-Bendit comme «juif-allemand», insulte la jeunesse renvoyée dans le camp petit-bourgeois, et continue à prendre ses ordres à Moscou. Sartre est un homme du monde d'avant. En cette année 1970, Jean-Jacques Brochier voudrait que son philosophe quitte les parages de la voiture-balai pour remonter en tête de peloton philosophique. Trop tard...

*

À cette accusation d'être le *philosophe à la mode*, Brochier ajoute une autre contrevérité : Camus ferait *l'unanimité en sa faveur*... Cette assertion ignore les articles de presse accompagnant la sortie de *L'Homme révolté* qui traînent dans la boue un philosophe qui se contentait de dire à son heure ce que d'aucuns susurrent après la chute du mur de Berlin – et encore, quelques philosophes trouvent toujours des vertus aux miradors, pourvu qu'ils soient de gauche...

Brochier trouve cette unanimité suspecte : chrétiens, athées et soviétiques l'admirent, avance-t-il... Puis, faute de véritables arguments, ne pouvant se dispenser de recourir à la haine, il lui trouve d'autres admirateurs : « les tenants de l'esprit français, du travail, de la famille et de la patrie encensent le dénonciateur ampoulé du fascisme ». Pas besoin d'une longue explication de texte pour saisir ce que Brochier veut que le lecteur comprenne : en associant Camus aux partisans de la trilogie Travail, Famille, Patrie, c'est vers Vichy, Pétain et le pétainisme que le journaliste renvoie le philosophe... Peu importe le paralogisme qui consiste, dans la même phrase, à faire de Camus à la fois le dénonciateur (ampoulé) du fascisme et le penseur (secret) des fascistes, seul importe le coup porté – à quoi bon la vérité ?

Le pamphlétaire développe cette assimilation pitoyable de Camus au fascisme. Chacun sait que Camus célèbre la mer, le soleil, la Méditerranée de son enfance, qu'il voit dans Tipasa un lieu magique pour le corps, mais aussi pour l'âme, un endroit où, avec Plotin et Augustin, il médite sur la pensée passionnée de vie quand elle fut grecque et païenne, mais qui, en devenant romaine et chrétienne, s'est engouffrée dans une thanatophilie ayant donné l'Europe des camps. Les chapitres de *Noces*, « Noces à Tipasa », « Le vent à Djémila »,

« L'été à Alger », « Le désert » sont l'occasion d'un grand poème lyrique en faveur de la vie. La conclusion est d'ailleurs très simple, immanente et nietzschéenne : « Le monde est beau, et hors de lui, point de salut »...

Quand il lui faut penser l'Europe des fascismes et du national-socialisme, des camps de la mort nazis et des goulags soviétiques, des guerres fratricides entre les peuples qui boivent pourtant à une même source spirituelle, Camus renvoie à la pulsion de vie méditerranéenne, païenne et grecque, en antidote à la pulsion de mort, chrétienne et européenne. Comment lui donner tort ? Tipasa contre Auschwitz, le vent dans les asphodèles contre les camps barbelés, la lumière sur les ruines des temples contre l'ombre des potences totalitaires, l'éternel retour du ressac de l'eau turquoise contre le cycle infernal des enfers construits par la haine...

Dans ce pamphlet sans notes permettant de vérifier l'exactitude des citations et des références, Brochier renvoie à la « pensée solaire » issue de la lumière méditerranéenne et opposée à la « nuit européenne ». Puis il commente : « On voit d'ailleurs ce que ce vocabulaire peut avoir de suspect, quelles réminiscences inavouables traînent des expressions comme "pensée solaire" ou "vraie maîtrise". Pour ne pas être méchant, faisons-les seulement remonter à Gobineau, l'auteur des *Pléiades*, mais aussi de l'*Essai sur l'inégalité des races humaines.* L'idéalisme finit toujours au même endroit. » Pensée tellement juste quand on l'applique à… Sartre !

Brochier insinue, technique de fourbe : il n'affirme pas clairement que Camus est pétainiste ou vichyste, qu'il évolue dans le camp de la collaboration, mais il écrit que les défenseurs de « Travail, Famille, Patrie », la devise de l'État français maréchaliste, trouvent leur compte à un philosophe qui ne doit donc pas être totalement irresponsable de cette affection supposée de l'extrême droite… De même, il évite d'écrire noir sur blanc que Camus est fasciste, sinon national-socialiste, tout en renvoyant explicitement à Gobineau, connu pour être l'un des maîtres à penser d'Adolf Hitler.

*

Toute la pensée d'Albert Camus se résume au refus de la peine de mort, quelles qu'en soient les formes réelles ou symboliques… Celle de Sartre se réduit elle aussi à une autre idée fixe : tout ce qui fâche le bourgeois est bon – et Sartre de défendre bec et ongles tout ce qui contrarie la classe sociale dont il vient, celle de son beau-père qui lui vole sa mère, celle dans laquelle il vit et dont il reproduit les schémas. Sa défense des dictatures marxistes-léninistes, son refus du Nobel, ses engagements à l'ultra-gauche, ses invitations à la justice expéditive à l'endroit des patrons sous prétexte de justice populaire, sa défense de tous les terrorismes, pourvu qu'ils se réclament de la révolution, son affichage aux côtés de l'avocat de la bande à Baader, son soutien aux terroristes palestiniens de Septembre noir, tout cela déroule un fil rouge pour saisir le fond de Sartre.

On comprend que Brochier fasse de *L'Homme révolté* « le pire des livres de Camus », c'est en effet le plus radicalement anti-sartrien ! De fait, Camus s'oppose à toutes les violences politiques étatiques, terroristes, symboliques, littéraires, poétiques, artistiques, révolutionnaires. Il dénonce les camps soviétiques, le socialisme césarien des pays de l'Est, les procès antisémites staliniens, le règne de l'arbitraire au nom du progrès, la religion de l'histoire doublée du nihilisme éthique. Brochier fait de ce livre « un canular sans humour, une suite de petits essais dépourvus de justesse et d'intérêt ». En passant, lui qui se fait fort de pointer les erreurs factuelles de Camus, erreurs avec lesquelles il invalide le livre, la pensée, l'œuvre complète, l'homme et sa vie, Brochier, donc, confond Bakounine et Kropotkine. Mais les connaissances de Sartre et des sartriens en matière de socialisme libertaire frisaient le zéro.

Sartre confiera en effet à un journaliste d'*Actuel* le 28 février 1973 : « Un régime révolutionnaire doit se débarrasser d'un certain nombre d'individus qui le menacent. Et je ne vois pas d'autre moyen que la mort. On peut toujours sortir d'une prison. Les révolutionnaires de 1793 n'ont probablement pas assez tué. » Cette position fera crier le bourgeois d'indignation ? Voici donc une bonne idée... Rappelons qu'à cette époque, Sartre milite aux côtés des maoïstes et que, de ce côté-là, la terreur et la mise à mort des opposants constituent une méthode de gouvernement.

Fort de cette psychopathologie par laquelle il est pour tout ce qui est contre la bourgeoisie et contre tout ce qui est pour elle, Sartre s'est toujours trompé de combats : il rencontre les chefs d'État des pays socialistes – URSS, pays de l'Est, Chine, Cuba – sans trouver à redire à leurs régimes liberticides. Au sujet du général de Gaulle, le même Sartre affirmait en 1947 (!) aux émissions de la « Tribune des Temps modernes » : « Maréchal, général, c'est tout un », confondant dans un même opprobre l'homme qui a vendu la France à l'Allemagne nazie et son contrepoison lui ayant rendu son honneur en invitant à la résistance – un appel nul et non avenu, bien sûr, pour le philosophe de l'engagement...

En mai 1972, dans un entretien avec John Gerassi, Sartre fait du général de Gaulle un « foutu salaud », un « maquereau réac », et précise qu'en nommant Marcellin ministre de l'Intérieur en Mai 68, de Gaulle a « permis aux fascistes [*sic*!] de détruire nos libertés civiles, à l'américaine »... Concernant l'anecdote connue qui fait dire au président de la République qu'« on n'arrête pas Voltaire » afin qu'on le laisse distribuer *La Cause du peuple*, Sartre répond : « Vous voyez bien ! Ce crétin ne savait même pas que Voltaire avait bel et bien été arrêté en France. » Quelques minutes plus tard, Sartre fait l'éloge de Fidel Castro, le contraire d'un foutu salaud comme chacun sait...

*

Pour Sartre et les siens, le compagnonnage avec les dictateurs, pourvu qu'ils placent leurs forfaits sous le signe du progrès marxiste, se double d'une défense de la violence sous toutes ses formes. Jean-Jacques Brochier écrit : « De même qu'il y a révolution et révolution, il y a État et État, dictateur et dictateur », autre façon de dire « bonnes » certaines dictatures, celles de gauche bien sûr. « Mauvais » l'État policier fasciste de Mussolini, « mauvais » l'État dictatorial national-socialiste, mais « bon » l'État policier soviétique ou « bon » l'État dictatorial cubain. « Mauvaise » la révolution nationale préconisée par Pétain, mais « bonne » si elle est décidée par Lénine, Mao ou Castro. « Mauvais » l'État qui garantit les libertés à l'ouest, mais « bon » celui qui les supprime à l'est ! Avec cette façon de penser, il existe de « bons » morts et de « mauvais » morts, de « bonnes » exécutions et de « mauvaises », des victimes légitimes, d'autres illégitimes.

À ce jeu conséquentialiste sartrien en vertu duquel il n'y a ni bien ni mal, mais du bon ou du mauvais en regard de la cause, la Milice de Darlan, les collaborateurs français avec l'armée d'occupation allemande, l'Organisation de l'armée secrète des partisans de l'Algérie française, mais aussi les SS, partagent une même vision des choses. Est « bon » ce qui permet de parvenir à ses fins, « mauvais » ce qui empêche la réalisation de ce projet. Trotski fit la théorie de ce cynisme des bouchers dans *Leur morale et la nôtre*...

Pour Camus, le bien-fondé des choses ne se mesure pas aux conséquences : intrinsèquement, il existe un bien et un mal, le mal culminant dans la mise à mort d'un homme. Brochier ricane en présence de pareil argument, puis diagnostique chez sa cible des restes chrétiens comme s'il s'agissait d'une maladie. Or l'idée que le principe éthique interdisant de tuer voit le jour avec le Nouveau Testament est une vision d'inculte ignorant qu'il existe une pensée de la douceur avant le christianisme ! Pour Camus, il n'y a aucune raison de décapiter un homme, de le mettre à mort, de l'enfermer dans une geôle, de le supprimer, de le torturer – pour Sartre, si. Donc pour Brochier aussi...

*

En libertaire conséquent, Camus ne souscrit pas au plus détestable de la Révolution française : la folie meurtrière, le goût du sang, la passion thanatophilique, la politique de la terreur, l'usage de la guillotine, la décapitation du roi, la morale formelle, la vertu associée à l'échafaud, les fantasmes totalitaires du Marquis de Sade, la furie sanguinaire de Marat, l'obsession de la pureté révolutionnaire de Saint-Just, la mystique de la volonté générale, la transformation de la raison en idole, etc. On a déjà vu qu'en 1973 Sartre regrettait que la Veuve n'ait pas tranché plus de cous lors de la Terreur…

Continuant sa mise à mort, Jean-Jacques Brochier conclut : « Le vrai maître de Camus, c'est Joseph de Maistre » ! Autrement dit, pour le journaliste, Camus triomphe en disciple d'un penseur contre-révolutionnaire qui célébrait ses antipodes idéologiques : le catholicisme traditionaliste, la monarchie absolue, la Providence divine, la théocratie ! Maistre pourfendeur du contrat social, ennemi de la république, adversaire résolu des droits de l'homme et du citoyen, voilà donc le modèle de l'auteur qui, au dire même de Brochier, célèbre le paganisme grec et Athènes contre Jérusalem…

Mais aussi, et surtout, Camus, qui fut avec Arthur Koestler l'auteur d'une magistrale *Réflexion sur la peine capitale* faisant de lui l'abolitionniste le plus déterminé humainement et le plus conséquent théoriquement, devient sous la plume du journaliste un élève du plus féroce défenseur de la peine capitale ! Joseph de Maistre consacre en effet une analyse célèbre à justifier le bourreau présenté comme la pierre angulaire de la société. Brochier aura-t-il lu les *Soirées de Saint-Pétersbourg* avant d'avancer pareille ignominie ?

Brochier n'a probablement pas plus lu *L'Homme révolté.* Sinon, il aurait vu qu'une opposition à la partie sanguinaire de la Révolution française ne suffisait pas à faire de Camus un défenseur des antipodes des révolutionnaires, à savoir un partisan de la contre-révolution, genre Maistre. Camus est un lecteur plus fin, plus subtil de cet événement historique que la plupart qui se contentent de recycler des clichés sur ce sujet. Au contraire des penseurs en meute, ce solitaire ne pratique pas l'habituelle lecture marxiste, revue et corrigée par Lénine, qui fait de Robespierre, Saint-Just et Marat des héros révolutionnaires et de tous les autres acteurs des ennemis du peuple, des adversaires de la révolution, des complices de la réaction... Camus cite explicitement Varlet, puis Proudhon. Deux hommes que Maistre aurait envoyés à l'échafaud !

Précisons. Camus écrit dans *L'Homme révolté* : « Les anarchistes, Varlet en tête, ont bien vu que gouvernement et révolution sont incompatibles au sens direct. "Il implique contradiction, dit Proudhon, que le gouvernement puisse être jamais révolutionnaire et cela pour la raison toute simple qu'il est gouvernement." » S'agit-il du propos d'un élève du contre-révolutionnaire Maistre ? De la pensée d'un vichyste, d'un pétainiste ? Ou bien encore de l'idée d'un proto-fasciste descendant de Gobineau, le maître à penser d'Hitler ? Sinon la toute bête idée d'un homme de droite ?

Qui était Varlet ? L'un des « Enragés », autrement dit, à gauche de la Montagne, un partisan de la démocratie directe, un défenseur de la redistribution des propriétés, un promoteur du mandat impératif, un véritable ami du peuple souhaitant économiser les aigrefins qui prétendent le représenter et confisquent la souveraineté populaire à leur profit. Varlet fut l'un des inspirateurs de Gracchus Babeuf. Quant à Proudhon, il est le père de l'anarchisme français pour lequel « la propriété c'est le vol », le penseur du mutualisme, le théoricien de la coopération, le philosophe de la fédération et de l'abolition de l'État au profit d'une organisation contractuelle immanente qui économise les soi-disant représentants du peuple. Il fut le grand ennemi de Marx et les thuriféraires de l'auteur du *Capital* emboîtent le pas à leur mentor en reléguant sa pensée du côté du socialisme utopique.

Avec ces deux références explicites à Varlet et Proudhon, sans parler des passages consacrés à Bakounine et aux anarchistes, on voit mal comment Camus pourrait procéder du racisme de Gobineau, de la contre-révolution de Maistre, du fascisme de

Pétain ! Sa pensée s'inscrit dans la lignée du socialisme libertaire à discréditer d'urgence en faisant de Camus un homme de droite, un penseur conservateur et bourgeois, une légende entretenue aujourd'hui presque partout sous une forme allégée puisque le socialiste libertaire Camus est présenté comme un social-démocrate par Herbert R. Lottman, Emmanuel Todd et leurs suiveurs…

*

Jean-Jacques Brochier n'en reste pas là dans son grand air de la calomnie. Le journaliste atteint des sommets d'abjection en banalisant l'engagement d'Albert Camus dans la Résistance, puis en fustigeant le prétendu usage arrogant, suffisant et prétentieux que le philosophe ferait de ce passé. Lisons : « Pendant la Résistance il a choisi son camp sans hésitation. Mais il faut bien comprendre que la Résistance a été, d'une certaine manière, une époque privilégiée. Il n'y avait pas d'hésitation à avoir. D'un côté, le mal absolu, la bête à détruire. De l'autre, participait au bien tout ce qui s'opposait au nazisme. » Si tout était aussi facile, et si l'on doit souscrire à ce nouveau manichéisme de journaliste, pourquoi son héros, Jean-Paul Sartre, a-t-il choisi « le mal absolu » ? Brochier n'aurait pas dû utiliser cette cartouche qui risque de commettre beaucoup de dégâts, non pas contre Camus son ennemi – mais contre son ami Sartre !

D'abord la résistance fut minoritaire – malheureusement. Le ministère des Anciens Combattants donne des chiffres : il y eut à Paris 29813 résistants, soit 0,5 % de la population. En vertu de ces statistiques, il ne serait pas anormal de n'avoir pas été résistant ! Contrairement à ce qu'annonce Brochier, il pouvait y avoir hésitation… Sartre lui-même a pris des exemples dans *L'Existentialisme est un humanisme* pour expliquer et illustrer tous les arguments de « mauvaise foi » qui pouvaient justifier qu'on ne s'engage pas dans la Résistance. Camus fut de cette grande et belle aventure historique ; Sartre non.

L'auteur de *Pour Sartre* a tort de critiquer *aussi* Camus sur le terrain de la Résistance. Car, pour cela, il eût fallu que son héros en soit un. Or, ce ne fut pas le cas. Dans ses mémoires, Simone de Beauvoir a écrit la légende d'un Sartre évadé des camps, puis d'un Sartre résistant. La vérité fut plus banale. Plus pitoyable aussi. Simone de Beauvoir a éhontément menti, Sartre également, dans le dessein de repeindre aux couleurs flamboyantes de l'héroïsme et de l'engagement une vie opportuniste factuellement plus proche de la collaboration que de la Résistance ! On me pardonnera donc cette longue mais nécessaire incursion dans l'affabulation sartrienne, mais elle peut contribuer à montrer que le ressentiment a pu jouer un rôle plus grand que les idées dans la haine de Sartre l'affabulateur pour Camus l'engagé.

*

D'abord l'épisode des camps. Sartre est fait prisonnier en Lorraine le 21 juin 1940. Transféré au Stalag XII D à Trèves, il ne se plaint pas des conditions d'incarcération, lit Heidegger, donne des conférences de philosophie, entreprend d'écrire *L'Être et le Néant*, rédige une pièce de théâtre, *Bariona*, jouée dans le camp. Gilbert Joseph précise que Sartre demande à des figurants d'endosser le rôle de Juifs pouilleux afin de correspondre aux clichés judéophobes de l'époque – ce qui fit rire, dit-il, les militaires allemands présents dans la salle et éructer tel ou tel dans le public. Gilbert Joseph cite trois témoins : « Sartre avait rajouté dans sa mise en scène un tableau muet montrant, au début de la pièce en guise de présentation, des Juifs tout loqueteux parqués derrière des barbelés, représentant les habitants de Béthaur »... Quelques pages plus loin, il émet l'hypothèse que la *libération* de Sartre et son retour à la vie civile procédaient des bons et loyaux services de son animation culturelle dans le camp. Première version.

Deuxième version : en 1980, l'abbé Marius Perrin précise dans *Avec Sartre au Stalag 12D* qu'on lui doit la *libération* du philosophe grâce à un jeu d'écriture qui lui permit de mentionner sur le livret militaire du philosophe : « Strabisme entraînant des troubles dans la direction. » Profitant d'une directive de l'Abwehr qui invitait à libérer les « incurables », Sartre s'est présenté à la visite médicale devant un parterre de quatre hommes, dont un membre de la Gestapo, et fut libéré. Le strabisme paraissant tout de même une modalité douce de la maladie incurable, Gilbert Joseph y voit une confirmation de sa thèse : « Tous les camarades de Sartre furent convaincus qu'il recevait la récompense de Bariona. »

Troisième version : Lucien Rebatet le fit savoir, mais, après guerre, c'était parole de fasciste contre parole de Beauvoir, Sartre aurait bénéficié, comme d'autres, de l'intervention de Drieu la Rochelle, par solidarité entre écrivains. À l'appui de cette thèse, Gilles et Jean-Robert Ragache citent l'extrait d'un carnet de Drieu sur lequel l'auteur de *Rêveuse bourgeoisie* avait noté des noms d'écrivains, dont celui de Sartre : « Demander la libération des auteurs – contrepartie de mon action à la N.R.F. » Le mot employé est bien : *libération.*

Quelles que soient les versions (remerciements pour *Bariona,* acte d'écriture d'un ami complice ou intervention d'un écrivain notoirement collaborateur), Sartre fut administrativement *libéré* et put reprendre en toute liberté le chemin de Saint-Germain-des-Prés. Dès lors, on sursaute en lisant la narration de cet événement par Simone de Beauvoir qui, parlant de Sartre qu'elle vient de retrouver, écrit dans *La Force de l'âge* : « Il me raconta d'abord son évasion » – on aura bien lu : *évasion...*

Il n'y a rien à se reprocher d'avoir été officiellement libéré et, quels qu'aient été les véritables motifs, peu glorieux au demeurant, ce qui importe ici est moins le manque d'héroïsme que le mensonge sciemment utilisé pour créer une légende. Car Beauvoir donne les détails de cette « évasion ». Soutenu par ces précisions sur les prétendues circonstances, le mot ne saurait donc être un lapsus : bénéficiant de complicité dans le camp, des prisonniers auraient fourni à Sartre des cartes, des vêtements et des plans d'évasion. Devant le bureau des nazis, le philosophe aurait d'abord dit souffrir de « palpitations cardiaques » avant de se faire mettre à la porte avec un coup de pied au derrière (méthode assurément nazie !). Sartre revient en changeant de motif (!) : « [Il] tira sur sa paupière, dénudant de façon pathétique son œil presque mort "Troubles de l'équilibre" » – ce qui aurait suffi… Beauvoir ajoute que si le stratagème n'avait pas fonctionné, « il serait de toute façon parti huit jours plus tard, à pied comme il l'avait projeté ».

*

Rappelons que, quelques mois avant que Sartre n'amuse la compagnie avec *Bariona* et simule des palpitations cardiaques, Camus avait fait la démarche, le 3 septembre 1939, de s'engager dans l'armée française afin de combattre l'Allemagne nationale-socialiste. Son état de santé ne lui a pas permis d'être retenu : tuberculeux, la commission militaire l'a refusé. Lisons Lottman : « Quand son frère et tous ses amis furent appelés sous les drapeaux, il essaya de s'engager malgré sa maladie. Il revint décomposé du bureau de recrutement où il avait une fois de plus été refusé. Il relata l'incident dans son journal : “Mais ce petit est très malade, dit le lieutenant. Nous ne pouvons pas le prendre.” Et il ajouta : “J'ai vingt-six ans, une vie, et je sais ce que je veux.” »

Précisons avec Todd : « Exempté de la classe de mobilisation 1931-32, il s'est présenté devant la commission de révision “sur sa demande”, précise son livret militaire, le 9 septembre 1939, mais il a été “maintenu exempté”. Il tente une fois de plus de se faire mobiliser le 11 novembre. Sans succès encore. À la différence d'un réformé, un exempté peut être appelé sous les drapeaux. Camus s'accroche à cet espoir. “Je me suis engagé, avait-il expliqué à Grenier, [...] non parce que j'adhérais, mais parce que je ne voulais pas que ma maladie me servît de paravent dans cette histoire et aussi parce que je me sentais solidaire de tous les malheureux qui partaient sans trop savoir pourquoi. La commission de réforme qui m'a examiné m'a cependant jugé inapte et m'a maintenu exempté. Depuis une autre commission qui m'a appelé avec les réformés de ma classe m'a encore exempté.” »

Début mai 1940, Camus veut toujours s'engager. Il le signale à plusieurs correspondants, Yvonne

Ducailar le 1er mai, Christiane Galindo le 5 mai. Lisons encore un fragment de lettre à cette dernière : « Si je puis je demanderai à entrer dans les corps francs du front de l'Est et à partir en Syrie. » Lisons toujours une lettre à sa femme, Francine, datée du 22 mai : « Il faut bien que je te le dise, je voulais essayer [...] de m'engager à nouveau. Mais les choses vont trop vite et il me semble que je ne peux pas sacrifier davantage mon impulsion profonde à une œuvre qui est secondaire dans l'ordre de mes valeurs. Ces jours-ci on a demandé des volontaires pour conduire des ambulances sur le front. Mais il faut que ces volontaires pourvoient à leur entretien. J'ai écrit pour offrir mes services mais en demandant d'être considéré comme un soldat de 2e classe dégagé des soucis matériels. J'attends la réponse. Je sais que cette décision va te peiner. Mais tu m'avais compris en septembre. Les mêmes raisons sont encore valables. Cette guerre n'a pas cessé d'être absurde, mais on ne peut pas se retirer d'un jeu quand le jeu devient mortel. Je m'étais donné un délai pour être plus libre ensuite de vivre sans mesure. Mais c'était une façon de me donner du confortable. Si l'on m'accepte, je terminerai mon travail au milieu de la bagarre, j'en suis sûr et comme je l'aurais fait dans ce silence et cette solitude de Paris. »

Refusé deux fois par l'administration militaire, déçu de ne pouvoir agir, interdit d'agrégation pour cause de tuberculose, Camus gagne sa vie en donnant des cours particuliers. En 1941, il enseigne à Oran dans le cours privé d'André Bénichou qui rassemble des professeurs juifs et des étudiants juifs privés, pour les uns, du droit de donner des cours, pour les autres, de celui d'en recevoir. Ces leçons se dispensent dans des appartements de façon clandestine. Camus héberge quelques jours un enseignant juif recherché. Il donne de l'argent pour subvenir aux familles de ces professeurs interdits de métier. Lorsque Sartre retrouve la vie active et les cafés de Saint-Germain-des-Prés, Camus commence à travailler au projet de *La Peste*, un grand roman antinazi, antifasciste et plus généralement antitotalitaire…

*

Sartre ne semble pas souffrir de l'Occupation. On est sidéré de lire dans *Paris sous l'Occupation*, un texte paru dans *France Libre*, à Londres en… 1945. Sartre ressent une certaine compassion pour les Allemands qui occupent Paris, il ne parvient pas à les haïr, la preuve, « ils offraient, dans le métro, leur place aux vieilles femmes, ils s'attendrissaient volontiers sur les enfants et leur caressaient la joue ; on leur avait dit de se montrer corrects et ils se montraient corrects, avec timidité et application, par discipline ; ils manifestaient même parfois une bonne volonté naïve qui demeurait sans emploi » – l'Occupation, pas si terrible que ce que l'on dit ?

Le même Sartre s'attardant sur l'analyse de son sentiment compassionnel en présence d'un accident de la circulation qui met en dangereuse posture un « colonel allemand » ne cache pas qu'il doit lutter fermement et « souvent » pour ne pas « haïr » les Alliés avec leurs bombardements... Le philosophe trouve également qu'en entretenant leurs locomotives pour qu'elles soient en état de marche, d'une certaine manière, les cheminots collaboraient : « le zèle qu'ils mettaient à défendre notre matériel servait la cause allemande ». Ces considérations ne choquent pas Sartre qui, en 1949, n'écarte pas ce texte et les publie à nouveau dans le volume intitulé *Situations III*...

On trouve dans ce livre un autre texte, « Qu'est-ce qu'un collaborateur ? », initialement publié dans *La République française* en août 1945. Une phrase mérite l'attention : « La plupart de ceux qui ont écrit dans la presse ou participé au gouvernement étaient des ambitieux sans scrupules, cela est certain. » Faut-il souligner que Sartre associe dans une même réprobation l'auteur d'articles dans les journaux et le ministre du gouvernement de Pétain... bien qu'il ait lui-même publié dans une presse collaborationniste ?

Jean-Paul Sartre écrit en effet dans le premier numéro de la revue *Comœdia*, le 21 juin 1941. Qu'est-ce que cette revue ? Un hebdomadaire des arts, des spectacles et des lettres qui, écrit Nathalie Léger dans son *Dictionnaire des lettres françaises : le XXe siècle*, « devient l'un des magazines culturels les plus actifs et les plus prisés de l'Occupation ». Elle précise quelques lignes plus loin : « Sous couvert d'apolitisme et tout en conservant une certaine liberté de ton, l'hebdomadaire jouait un rôle collaborationniste subtil »... C'est donc dans ce support que Sartre accepte d'écrire.

La légende sur ce sujet, ici comme ailleurs, est construite par Simone de Beauvoir. Elle prétend en effet dans *La Force de l'âge* que Sartre écrivit *une seule fois* dans cette revue avant de comprendre son erreur : « Elle fut aussi la dernière car, une fois le numéro sorti, Sartre réalisa que *Comœdia* était moins indépendant que ne l'avait dit, et sans doute espéré, Delange » – le directeur du journal...

Beauvoir l'affirme donc noir sur blanc : Sartre n'a publié qu'un seul article. Mais il y en eut trois, dont le dernier, à une poignée de semaines du Débarquement, est consacré à Jean Giraudoux, l'ami de Von Ribbentrop, ministre des Affaires étrangères du IIIe Reich, un auteur qui écrivait dans *Pleins pouvoirs* (1939) contre le métissage et le cosmopolitisme, notamment celui des ashkénazes : « Nous les trouvons grouillants sur chacun de nos arts ou de nos industries nouvelles ou anciennes, dans une génération spontanée qui rappelle celle des puces sur un chien à peine né. » Et plus loin : « Le pays ne sera sauvé que provisoirement par ses seules frontières; il ne peut l'être définitivement que par la race française, et nous sommes pleinement d'accord avec Hitler pour proclamer qu'une politique n'atteint sa forme supérieure que si elle est raciale»... Voilà l'homme salué par Sartre en février 1944 dans une revue dans laquelle, si l'on en croit Beauvoir, il n'écrit plus depuis juin 1941! *La Force de l'âge* le rappelle tout de même : «La première règle sur laquelle s'accordèrent les intellectuels résistants, c'est qu'ils ne devaient pas écrire dans les journaux de la zone occupée.» Un syllogisme à la Brochier conclurait que, puisque Sartre a écrit dans des journaux de la zone occupée, Sartre n'était pas un intellectuel résistant...

Précisons également que Sartre ne s'est pas contenté de collaborer à *Comœdia* de juin 41 à février 44 avec des articles ou par un entretien, mais il a aussi siégé dans un jury de sélection de scénarios organisé par l'hebdomadaire aux côtés de... Giraudoux et quelques autres, dont Rebatet (qui publie *Les Mémoires d'un fasciste* en 1976), Montherlant (qui se réjouit de la victoire allemande dans *Solstice de juin* en 1941), Colette (qui publie dans *La Gerbe* ou *Combats*, le journal de la Milice), Edwige Feuillère (qui apprit ce qu'était le marché noir après la guerre)...

Sartre a donné un entretien à *Comœdia* lors de la représentation des *Mouches* – une pièce à laquelle la censure allemande n'avait rien trouvé à redire. Sartre fit savoir à la Libération que son œuvre était cryptée et que le public, lui, saisissait ce que les occupants spécialistes nazis de la censure en matière de culture, eux, les ballots, ne comprenaient pas... Les soirées d'après représentation permettaient à Sartre et Beauvoir de deviser avec les responsables allemands de la censure théâtrale (*Theatregruppe*), un verre à la main. Rapprochons ces *faits* du *texte* intitulé *Paris sous l'Occupation* (1945) dans lequel Sartre écrit à propos des Allemands : « Nous nous remémorions la consigne que nous nous étions donnée une fois pour toutes : ne jamais leur adresser la parole »...

À la Libération, lors de l'enquête diligentée contre *Comœdia*, le juge Zoussman, chargé d'instruire le dossier, reçut de Sartre une lettre classée aux archives nationales sous la cote Z6, n.1, 15070 dans laquelle il affirme avoir été sollicité par le directeur de la revue, certes, mais n'avoir jamais participé. Voici ses mots : «Je décidai, après consultation de mes amis [*sic*], de m'abstenir de toute collaboration [*sic*!]. Je le fis non par défiance de *Comœdia* [*sic*], mais pour que le principe d'abstention ne souffrît aucune exception. » Beauvoir ment sur la prétendue évasion, elle ment sur la participation de Sartre à cette revue collaborationniste (un seul article, puis plus rien), Sartre ment lui aussi sur ce sujet (jamais aucun article), et la presse se contente de reprendre ce mensonge qui devient une vérité. *La Force de l'âge* écrit la légende (Beauvoir), le biographe la duplique

(Cohen-Solal, Todd), le bibliographe confirme (Contat), les autres la répètent (Sallenave) et le mensonge réitéré devient une vérité inscrite dans le marbre du *Dictionnaire Sartre* (Adrian Van Den Hoven).

Si Brochier a raison en affirmant qu'à l'époque les choses étaient simples, qu'il n'y avait pas à barguigner, que le choix de la Résistance s'imposait, puisque le monde se séparait de façon simple entre « mal absolu » et « bien absolu », concluons que Sartre a en effet choisi son camp. Mais pas le bon… Le problème est moins de présenter comme une « évasion » ce qui fut une « libération » administrative en bonne et due forme pour des raisons qui n'ont rien de glorieux, mais de théoriser un passé de résistant chez cet homme qui fut sur ce sujet un Français très très moyen.

Pendant ce temps, loin de *Comœdia*, outre les cours donnés aux étudiants juifs et l'aide de telle ou telle victime de l'antisémitisme, Camus publie dans la clandestinité. Sachant par Gallimard que son chapitre sur Kafka, auteur juif, n'obtiendrait pas de la censure le droit d'être publié dans *Le Mythe de Sisyphe*, il se range à la décision de son éditeur, non sans regretter (lettre à Jean Grenier du 7 mars 1942) de ne pouvoir s'occuper de cette affaire, souffrant d'une rechute de tuberculose et retenu loin de Paris à Oran. En août 1943, Camus confie ce chapitre à *L'Arbalète*, une revue de « contrebande » publiée à Lyon. Puis deux des quatre *Lettres à un ami allemand* paraissent dans des revues clandestines : *La Revue libre* (juillet 1943), les *Cahiers de la Libération* (début 1944). En octobre 1943, il est en contact avec le mouvement clandestin Combat. Il rencontre Claude Bourdet, responsable du Conseil national de la Résistance, qui le sollicite pour créer une publication nommée *La Revue noire*. Mais Pascal Pia lui demande de réorganiser le journal *Combat*, alors clandestin – le premier numéro comporte un texte du général de Gaulle, le tirage atteindra parfois 250000 exemplaires... En mars 1944, il signe pour ce journal « À guerre totale résistance totale » et multiplie les textes les semaines suivantes. Voici donc des états de service tangibles.

*

La légende d'un Sartre créant un réseau de Résistance intitulé « Socialisme et Liberté » est sculptée dans le marbre hagiographique de *La Force de l'âge*. Après son « évasion », Sartre surgit en héros désireux d'action : « S'il était revenu à Paris, ce n'était pas pour jouir des douceurs de la liberté, mais pour agir. Comment ? lui demandai-je abasourdie : on était tellement isolés, tellement impuissants ! Justement, me dit-il, il fallait briser cet isolement, s'unir, organiser la Résistance. » Suivent des aventures dignes d'un roman bien fait : l'urgence est d'abord de ne rien faire, puis de s'accorder un répit, enfin de se promener dans Paris – dans l'ordre donné par l'auteur…

Ensuite, Beauvoir signale que, s'il avait voulu se mettre en règle avec l'administration, Sartre aurait dû se faire démobiliser en zone libre : « Mais l'université n'y regarda pas de si près ; on lui rendit son poste au lycée Pasteur » – il aura suffi que Sartre présente les papiers de sa libération officielle, puis signe un formulaire attestant qu'il n'est ni juif ni franc-maçon. À ce propos, Sartre reproche à Beauvoir d'avoir signé (Beauvoir), avant de parapher lui-même (Joseph), puis de faire savoir qu'il n'avait jamais commis une pareille ignominie (Gerassi)… Ayant montré sa docilité envers l'administration de Vichy, Sartre reprend ses cours, revoit sa bande, parle, parle, parle. Et s'imagine en résistant.

Dans le feu de l'action, Sartre propose d'organiser un attentat contre Déat ! Mais Beauvoir sent bien que l'action combattante n'est pas trop leur affaire : « Notre principale activité, outre le recrutement [*sic*], consisterait pour l'instant à recueillir des renseignements et à les diffuser par un bulletin et des tracts. » Réunion… à La Closerie des lilas. Bost promène avec lui une machine à ronéotyper – indéplaçable pour ceux qui connaissent le poids de pareil engin… Sartre écrit donc dans ces bulletins dont parle Simone de Beauvoir – mais jamais personne n'en a trouvé trace, ni même brouillons. Sartre prétend avoir rédigé un projet de Constitution destiné à la France d'après la Libération et distribué ce document autour de lui. Nulle trace de ce gros œuvre, aucune copie retrouvée, pas une seule preuve – alors que *Bariona,* une pièce écrite en stalag, a été sauvée... Ce temps des prétendues *écritures résistantes* est aussi et surtout l'époque où Sartre écrit pour *Comœdia* et Beauvoir travaille pour Radio-Vichy – une activité qu'elle légitime dans *La Force de l'âge* et dont on ne retrouve aucune trace dans *Les Écrits de Simone de Beauvoir* qui signalent juste *L'Invitée* en guise d'écriture entre 1937 et 1944... Sartre lui a trouvé ce poste dans cette radio auprès du directeur de *Comœdia* («hebdomadaire collaborationniste», indique Cohen-Solal). Il écrit à Simone de Beauvoir le 8 juillet 1943 : «J'ai accepté pour vous d'enthousiasme»...

À Maurice Nadeau, Sartre dit : «Dans un an nous devrons avoir étudié la nature de l'État édifié par Vichy» – dans *Grâces leur soient rendues*... Voici probablement ce que Sartre pouvait faire en matière de Résistance, penser l'événement – voilà même ce qu'il n'a pas fait... Les pitoyables analyses de *Paris sous l'Occupation* sont bien loin de ce qu'aurait été un véritable livre *sur* et *contre* Pétain et le pétainisme...

Danièle Sallenave écrit dans *Castor de guerre* que, pendant ces années d'Occupation, Beauvoir a dû composer avec la mort lors... d'un «accident de bicyclette en zone sud où elle l'a "frôlée"» – en fait le texte de Beauvoir dit « touchée ». On apprend aussi dans ces pages édifiantes que le vin blanc n'est pas pour peu dans cette sortie de route... Gageons qu'elle ne la frôla que cette fois-ci. Et cessons sur les pantalonnades de cette résistance transcendantale qui ne fit de tort à personne – mais tant de bien à la légende.

*

Cessons là. La longueur du développement concernant la légende sartrienne écrite par Beauvoir et reprise sans discernement par les sartriens, dont Jean-Jacques Brochier, sert juste à poser la thèse que, conscients de n'avoir pas été des héros à cette époque (et même d'avoir plutôt accumulé les fautes politiques...), Sartre et Beauvoir compensent le restant de leur existence en surjouant l'engagement, puis en réécrivant leur vie sous le signe de la légende avec force mensonges et oublis : présenter une libération d'un camp de prisonnier obtenue par protection (Drieu peut-être...) comme une « évasion » ; publier dans une revue collaborationniste et mentir sur le nombre de participations (Beauvoir), sinon dénier la participation (Sartre) ; participer à des jurys organisés par *Comœdia* (Sartre) ; travailler pour Radio-Vichy (Beauvoir) ; prétendre avoir organisé un groupe de Résistance dont il ne reste strictement aucune trace ; avouer la rédaction d'une Constitution pour l'après-guerre sans que personne ne puisse apporter de preuve ou de témoignage sur ce qu'elle contenait; publier à la Libération des textes expliquant que, pendant l'Occupation, les Allemands étaient aimables par tant de politesses et de courtoisie, et les Alliés si souvent détestables avec leurs bombardements – rien de tout cela n'est vraiment très reluisant…

Lorsque dans *La Force de l'âge* Simone de Beauvoir avoue n'avoir pas eu le sens de l'histoire *avant 1939*, elle dit une chose juste : la montée du nazisme ne leur pose pas problème, ils affirment que les Juifs n'existent pas en tant que tels mais seulement dans le regard de l'antisémite, la propagande du fascisme mussolinien pour l'Italie ne les dissuade pas de profiter des tarifs avantageux consentis par l'État du Duce aux touristes pour obtenir à moindre coût des billets de train pour partir en vacances en 1933, les manifestations de 1936 les indiffèrent, d'ailleurs, ils n'ont pas voté. Mais, toujours la légende, dans *Simone de Beauvoir*, un film de Josée Dayan, elle affirme : vers 1932, «j'étais convaincue que le socialisme devait triompher et qu'il triompherait». Une fois, elle perd sa virginité politique en 1939 puis, plus tard, c'est plus tôt, en l'occurrence en 1932, alors que, finalement, ce sera à la Libération…

Car Simone de Beauvoir aura le sens de l'histoire *après la Libération*, autrement dit, quand Sartre et elle comprendront l'avantage considérable qu'il y a stratégiquement et tactiquement à se rapprocher des communistes qui avaient eux aussi des choses à se faire pardonner : le pacte germano-soviétique, la demande officielle du Parti de faire reparaître *L'Humanité* sous l'Occupation sous prétexte que le PCF et Vichy avaient des ennemis communs (la banque et la finance juives, la concentration du capital entre les mains non aryennes...), l'entrée officielle tardive dans la Résistance, après la dénonciation unilatérale du pacte par les nazis. D'où la mythologie du PCF présenté par Maurice Thorez comme le « Parti des 350 000 fusillés » alors qu'en 1939 il disposait de 270 000 adhérents et qu'il y eut 4 500 fusillés au total, tous n'étant pas communistes...

Après guerre, le PCF imposa lui aussi sa légende : le Parti était au plus haut dans les résultats électoraux, Sartre et Beauvoir découvrirent l'utilité du compagnonnage avec les communistes. Camus n'eut pas besoin de s'allier avec le diable après la Libération pour faire croire qu'il avait été un dieu pendant l'Occupation. On ne comprend la haine de Sartre et des sartriens, donc de Jean-Jacques Brochier, qu'après avoir découvert l'existence de ce genre de cadavre dans le placard sartrien.

Sartre entre donc dans les divers comités d'épuration : Comité national du théâtre, Comité national des écrivains, Comité de la Commission consultative de l'édition. Mieux, il devient le témoin de moralité pour la Résistance intellectuelle ! Au Comité d'épuration des éditeurs, où il siège aussi, évidemment, Sartre certifie, bien sûr, que Gaston Gallimard, l'éditeur de la NRF de Drieu la Rochelle, a eu une conduite irréprochable sous l'Occupation ! Dix-huit ans après la Libération, pour adhérer à la Société des gens de lettres, Sartre doit remplir une fiche signalétique. À la rubrique « guerre », il écrit : « Prends une part active à la Résistance et aux barricades de Paris »... Les barricades ? Un reportage commandité par Camus et probablement rédigé, de loin, par Beauvoir.

Peu de temps après la fin de la guerre, alors qu'il s'agit de rattraper le temps perdu pour la gloire et de réécrire le passé comme préparant l'avenir glorieux, on découvrira sous sa plume dans *Jean-Paul Sartre : strictement personnel*, un article paru au Harper's Bazaar en janvier 1946, que le séjour de Sartre au stalag « le poussa à prendre une part active dans la Résistance » (*Les Écrits de Simone de Beauvoir*). Dans le même article hagiographique, elle affirme : « Il reconnaît ses fautes avec une sincérité déconcertante. » La légende était en marche, il fallait bien pour ce faire violer l'Histoire sans états d'âme...

*

Dans sa *Présentation des Temps modernes* (*Situations*), Sartre écrit en octobre 1945 : « Je tiens

Flaubert et Goncourt pour responsables de la répression qui suivit la Commune parce qu'ils n'ont pas écrit une seule ligne pour l'empêcher. » Phrase extrêmement imprudente quand elle se trouve rédigée par un homme n'ayant rien écrit pour empêcher la répression de l'occupant national-socialiste ! D'autant qu'écrire dans *Comœdia* entre 41 et 44, faire dans cette même revue l'éloge du défunt Giraudoux, un écrivain aux sympathies hitlériennes, quelques semaines avant le Débarquement, et monter deux pièces de théâtre sous l'Occupation avec l'aval de la censure allemande à Paris, témoignent que, non content de n'avoir rien écrit en défaveur de l'Occupation, Sartre a plutôt montré qu'il n'était pas contre… À l'aune des critères de responsabilité posés par Sartre lui-même au lendemain d'une guerre dans laquelle il n'avait pas été héroïque, un sartrien devrait conclure qu'il tient son héros pour responsable de l'Occupation, puisqu'il n'a rien écrit contre…

Après la Libération, le Parti communiste français et Jean-Paul Sartre eurent besoin de se refaire une santé tant leurs états de services résistants ne relèvent pas de la ligne droite – n'est pas René Char qui veut. Camus ne fit jamais état du passé qui lui valut la médaille de la Résistance – jamais arborée. La phrase de Brochier : « La seule chose qui me gêne, dans l'attitude de Camus, c'est le côté ancien combattant de son rappel à la Résistance, dans sa réponse à Sartre à propos de l'article où Jeanson critiquait *L'Homme révolté*» mérite qu'on s'y arrête.

Camus écrivait à mots couverts, non pour dénoncer Sartre dont il savait le passé peu glorieux pendant les années noires, bien qu'il eût pu le faire, mais pour laisser entendre à cet homme qui, jusqu'à quarante ans, passe à côté de l'histoire, qu'il n'a pas de leçons à donner sur l'incapacité de son interlocuteur résistant à saisir le sens de l'histoire. Il n'y eut pas seulement querelle sur Hegel, sa dialectique, l'hégélianisme ou le sens de l'histoire marxiste dans cette affaire, mais aussi, et surtout, sidération d'un homme qui fut résistant et se fait traiter de crétin incapable de comprendre le sens de l'histoire par un homme ayant accumulé les fautes massives en la matière !

À la Libération, et non dès 1939 au contraire de la légende écrite par Beauvoir, Sartre se mit à défendre cette fameuse théorie du « sens de l'histoire ». Entendons cette conversion soudaine comme un mariage de raison avec le communisme. Cette vague rouge, très porteuse à cette époque, constitue une fabuleuse opportunité pour un homme n'ayant jamais caché son projet existentiel de célébrité littéraire (le leitmotiv des *Mots*) et piaffant d'impatience devant la gloire qui tarde à venir et la guerre qui menace son plan. Sartre l'ambitieux va moins servir l'histoire que se servir d'elle. Pour ce faire, il a besoin qu'elle ait un sens – celui que son intelligence de normalien lui impose.

*

Ce long détour par les errances de Sartre était nécessaire pour comprendre les raisons sombres et souterraines de *Camus, philosophe pour classes terminales.* Le pamphlet de Jean-Jacques Brochier s'inscrit dans la tradition sartrienne de l'écriture de la légende du personnage. En pleine guerre froide, alors que l'étoile du philosophe pâlit et qu'une nouvelle génération de penseurs aux dents longues pousse l'ancien vers la sortie, à l'heure où, malgré les prises de position ultraviolentes de Sartre en faveur du FLN pendant la guerre d'Algérie, puis de la brutalité maoïste, le philosophe ne parvient pas à conserver le leadership qui fut le sien pendant le quart de siècle ayant suivi la guerre, Brochier lâche les chiens contre Camus qui n'a jamais écrit sa légende de son vivant, ni même menti ou travesti ses faits et gestes. Resté modeste sur ses états de service héroïques, Camus n'a en aucun cas fourbi une machine de guerre collective pour réaliser ses ambitions, pourtant, il dispose d'une aura supérieure à celle de Sartre.

Le projet existentiel de Sartre ? Parvenir à la célébrité littéraire. Son modèle ? Rastignac. Son éthique ? À l'École normale supérieure, il écrit « Morale, peau de balle », il ne variera pas sur ce sujet. Est bon, donc Bien, ce qui permet la réalisation de son projet, mauvais, donc Mal, ce qui le retarde, le ralentit ou l'empêche. Sa haine ?

De Gaulle, vomi avec constance. Ses amis ? Castro, Mao, les chefs d'État des régimes totalitaires de gauche.

Le projet existentiel de Camus ? Rester fidèle au petit monde de son enfance, aux gens modestes, au peuple. Son modèle ? Don Quichotte, le héros des causes perdues qui combat tout de même... Son éthique ? Justice et liberté en épargnant le sang des innocents. Sa haine ? La peine de mort sous toutes ses formes. Ses amis ? Les rebelles, les révoltés, les anarchistes espagnols, les militants pacifistes, les anarcho-syndicalistes, Varlet et Proudhon, les victimes de tous les pouvoirs en place, droite et gauche confondues, Rosa Luxemburg.

Brochier doit donc casser l'*image de Camus* : il le fait au nom de la *légende de Sartre.* Camus bénéficie en effet d'un capital de sympathie de la part des gens modestes. L'affection que lui portent les petits n'a d'égale que la haine dont le poursuit l'*establishment* journalistique, littéraire, mondain, parisien. La lecture croisée des correspondances reçues par lui après la parution de *L'Homme révolté* et des coupures de presse sur le même sujet est instructive : d'une part, des remerciements émus et émouvants de lecteurs de base, d'autre part, la chiennerie lâchée avec les méthodes mafieuses de Jean-Jacques Brochier. Camus était aimé par les petites gens, ce que n'aiment pas ceux qui font tout pour être encensés par les importants et croient que cette pluie de déclarations fictives abusera le peuple qu'ils méprisent.

*

Pour continuer son entreprise de destruction, Jean-Jacques Brochier aborde la question de la guerre d'Algérie, après avoir tout de même souligné que Camus a mené très tôt un combat en faveur des populations autochtones en dénonçant l'exploitation des Arabes par une poignée de Blancs soutenus par l'administration française, et en prenant le parti des Arabes dans *Alger républicain* où il publiait des textes très engagés qui lui valurent d'être expulsé d'Algérie. Dont acte !

On aurait aimé que Brochier reste moins vague sur cet engagement radical en parlant d'une époque d'« avant le déclenchement de la révolution ». Donner les dates précises des articles parus qui deviendront « Misère de la Kabylie » aurait permis de savoir que Camus menait personnellement un combat anticolonialiste depuis juin 1939. On peut même remonter au 2 juin 1937, date à laquelle il signe dans *Jeune Méditerranée* un « Manifeste des intellectuels d'Algérie en faveur du projet Viollette » qui dénonce le manque d'écoles dans son pays, prend le parti « d'un peuple diminué par une misère sans précédent et brimé par des lois d'exception et des codes inhumains ». Ce texte souhaite qu'on redonne aux musulmans leur dignité, critique les capitalistes, les libéraux, les républicains qui refusent ce projet présenté comme « une étape dans l'émancipation parlementaire intégrale des musulmans »... On aura bien lu : *une étape.* À cette époque, professeur dans un lycée de province, loin de toute préoccupation anticoloniale, Sartre vole des romans policiers dans une librairie pour les lire dans le train (*Lettres au Castor*). Il travaille à son *Esquisse d'une théorie des émotions*...

*

Après avoir reconnu, vaguement, de loin, que Camus avait été un anticolonialiste de la première heure, Brochier passe à la haine : « Camus, que ce soit par son milieu de petit Blanc, par son idéologie ou par n'importe quoi – à ce stade, les motivations ne sont pas des excuses –, n'a jamais fait que dénoncer dans la guerre d'Algérie un complot contre la France, une machination des Russes, et autres balivernes ». Un « milieu de petit Blanc » ? Avec un père ouvrier agricole mort à la guerre 14-18 et une mère femme de ménage illettrée ? Un boursier de l'Éducation nationale interdit d'enseignement pour cause de tuberculose ? Une « idéologie » ? Probablement celle de l'anticolonialisme manifeste dès juin 1937, puis dans les articles sur la misère en Kabylie, des textes reconnus comme anticolonialistes par Brochier lui-même et que Camus reprend sous le titre *Chroniques algériennes, 1939-1958, Actuelles III*! Ou « n'importe quoi » – ce qui permet en effet toutes les extrapolations et laisse la porte ouverte aux insinuations, aux calomnies, à la haine. Un « complot contre la France » ? Il n'existe pas une seule ligne dans l'œuvre complète qui puisse accréditer pareille thèse ! Quant au risque de voir l'Algérie indépendante s'allier avec l'URSS ou tomber dans l'islam politique, qui pouvait dire, à cette époque, qu'il n'existait pas ?

Familier des techniques de désinformation qui consistent à sortir une phrase de son contexte en tronquant la démonstration, sinon en la falsifiant, Brochier écrit, sans citer le texte, ni la référence bien sûr, comment Camus parle du massacre de Sétif : « En 1945, les Algériens, à Sétif et à Constantine, avaient soulevé une émeute populaire qui fit trois cents morts parmi les Européens. La répression dura une semaine et fit quarante-cinq mille morts parmi les Arabes. Voyons comment Camus en parle : “Les massacres de Guelma et de Sétif ont provoqué chez les Français d'Algérie un ressentiment profond et indigné. La répression qui a suivi a développé dans les masses arabes un sentiment de crainte et d'hostilité.” Sans vouloir comptabiliser les cadavres, pour quarante-cinq mille morts crainte et hostilité sont plutôt faibles, ou alors pour trois cents morts ressentiment est fort. » Voilà le texte de Brochier.

Évitons de polémiquer sur les chiffres : quarante-cinq mille morts est, comme par hasard, celui des autorités algériennes officielles… Le journaliste prend donc les communiqués du ministère de l'Intérieur algérien pour parole d'évangile – on sait que, venue du pouvoir gaulliste, l'information aurait été violemment récusée… En matière de morts algériens, les autorités françaises parlent de mille cent soixante-cinq morts, les services secrets américains de dix-sept mille, l'administrateur de la région de deux mille cinq cents. Aujourd'hui, les historiens dignes de ce nom donnent une fourchette : entre huit mille et mille cinq cents morts – ce qui, de toute façon, est beaucoup trop.

Mais le plus grave se trouve dans la mutilation effectuée par Brochier. Car voici la phrase de Camus qui suit cette citation tronquée : « Dans ce climat, une action politique qui serait à la fois ferme et démocratique voit diminuer ses chances de succès. » Puis cette profession optimiste et volontariste : « Mais ce n'est pas une raison pour en désespérer. » Le philosophe propose que la France exporte en Algérie la démocratie qui se pratique sur le continent, qu'elle montre que, malgré Sétif, la France ne doit pas activer le ressentiment, que les discours ne suffiront pas et qu'il faut désormais des réalisations, éviter la haine de part et d'autre, ne pas ajouter de la rancœur à celle des Algériens car « en Afrique du Nord comme ailleurs on ne sauvera rien de français sans sauver la justice ».

Si Brochier avait été honnête, mais pour cela il eût fallu qu'il ne fût point Brochier, il aurait également pu citer l'article intitulé « C'est la justice qui sauvera l'Algérie de la haine... », paru dans *Combat* le 23 mai 1945 (les événements commencent le 8 mai 1945), un texte dans lequel Camus écrit : « Devant les actes de répression que nous [*sic*] venons d'exercer en Afrique du Nord, je tiens à dire ma conviction que le temps des impérialismes occidentaux est passé. » Ce qui aurait évité de faire de Camus un personnage qui prend à la légère le massacre de Sétif, utilise un vocabulaire inapproprié, voire campe sur des positions de « petit Blanc » : quel petit Blanc déplore Sétif, souhaite la justice, le dialogue et la paix, invite à la démocratie en Algérie et proclame la fin de l'impérialisme occidental ?

*

N'hésitant pas devant la calomnie la plus éhontée, Brochier écrit : « Contrairement à ce que l'on [*sic*] a dit, Camus ne s'est pas tu sur la guerre d'Algérie, il n'a pas refusé de prendre parti, il a pris parti pour la guerre. » On croit rêver ! N'aurait-il lu qu'*Actuelles III* paru en 1958, Brochier aurait constaté que Camus n'avait fait que parler de l'Algérie, en long, en large et en travers depuis

1937, une époque à laquelle Sartre et Beauvoir se soucient plus de leurs carrières que de politique. Camus a continué en déplorant Sétif en 1945. Il a persisté quand, à Saint-Germain-des-Prés, la mode n'était pas encore au FLN, puis poursuivi sans relâche, enfin cessé un jour de 1957 parce que la haine avait définitivement pris le dessus, justement à cause de Sartre et des siens, qui légitimaient le terrorisme, justifiaient la peine de mort pour raisons politiques, encourageaient l'attentat qui fait des victimes civiles innocentes, invitaient à la guerre civile totale. Camus voulait une solution pacifique jusqu'à ce qu'il constate avoir perdu la partie : *alors* il a décidé de se taire.

Le silence de Camus tombe dès qu'il constate que, la surenchère sartrienne aidant, il faut arrêter de parler sous peine d'envoyer à la mort la totalité d'un peuple. Sartre développait sans se cacher une philosophie de la haine, théorisée ensuite dans *Critique de la raison dialectique*. Dès lors, quiconque militait pour une philosophie de la paix déclenchait sa haine. Jean-Jacques Brochier est le bras armé de Jean-Paul Sartre : le Sartre qui confie à *Actuel* sa passion pour la peine de mort pour raisons politiques trouve en Brochier un exécuteur de ses basses œuvres.

Brochier consacre un chapitre à « Camus et la politique » avec une thèse simple : Camus a refusé la violence qui est, selon Marx et les marxistes, l'accoucheuse nécessaire de l'histoire. Dès lors, il ne dispose pas du fameux « sens de l'histoire » que Sartre et les sartriens conçoivent plus comme un genre de sixième sens transcendantal plus proche de la tradition occultiste que de la philosophie politique. Conclusion : Albert Camus n'a aucun sens politique et se contente de morale là où il faut faire de la politique... Voilà pour la théorie.

Et pour la pratique ? Sartre défend le règne généralisé du terrorisme, l'attentat dans les lieux publics, la guerre civile, la stratégie de la guérilla urbaine, la violence sans retenue, la multiplication du crime politique, la peine de mort pour raisons idéologiques. L'Algérie offre une occasion rêvée pour cette ultraviolence théorétique du philosophe de la *Critique de la raison dialectique.* Pour le plus grand malheur des Algériens, gens de papier pour Sartre, gens de chair pour Camus...

Pour fustiger le refus de la violence signifié en permanence par Camus qui en appelle, avant toute spirale sanglante, au dialogue, à l'échange, au compromis, à la discussion, à la trêve, à la négociation, aux solutions pacifiques, Jean-Jacques Brochier écrit : « Comme si, dans une guerre subversive et de guérilla, il y avait une différence entre civils et combattants [...]. Selon l'exacte [*sic*] théorie de Mao Tse-Toung, l'armée de guérilla est dans la population comme un poisson dans l'eau, et la rafle ne fait pas de distinction. » Une thèse à laquelle les dictateurs souscrivent tous, une thèse à laquelle Camus résiste – seul.

Ainsi, l'armée française mandatée pour la « pacification » est sartrienne ! Elle ne fait pas de quartier, elle exécute des innocents dans les villages qui subissent aussi la terreur du FLN, elle torture sans discontinuer; le FLN campe également sur des positions sartriennes en multipliant les attentats dans les cafés, contre les crimes de l'armée française, puis contre les meurtres du FLN et de ce qui deviendra l'OAS, Camus fait son travail de philosophe, contre Sartre qui tourne le dos à la raison, appelle à la haine et jouit du rôle de va-t-en-guerre.

Pour Brochier, pas besoin d'instruire le dossier Camus. Le journaliste risquerait de découvrir que son objet de haine plaide pour une négociation, la fin des hostilités armées, la trêve, l'arrêt des terrorismes d'État ou de guérilla, une solution pacifique concrète, inspirée du mutualisme et de la fédération proudhonienne. Le porteur d'eau de Sartre a décidé que, blanc, donc du côté des colons d'Algérie, Camus défendait le régime colonial, la caste des riches propriétaires, « l'Algérie française » (un usage polémique de cette expression moins associée à la dénomination administrative du pays avant la guerre d'Algérie qu'aux putschistes des généraux d'extrême droite...). Selon Brochier, Camus est l'allié de l'armée française, le défenseur de la torture, l'ennemi des Arabes ! C'est insulter l'homme et le penseur, l'œuvre et l'engagement, la théorie et la pratique, l'honneur même d'un être. Il suffit pour cela de le lire.

*

Brochier reproche à Camus de n'être pas philosophe. Il en fait un penseur éclectique qui mélange Kant, le christianisme et le sentiment de la nature ! Certes, Sartre passe pour un philosophe plus facilement identifiable : dans un stalag où il dispose d'un traitement de faveur (lettre à Beauvoir) il lit Heidegger, philosophe allemand ayant sa carte au Parti nazi de 1933 à 1945, recteur d'Université pendant le Reich, et jongle avec ses concepts phénoménologiques. *L'Être et le Néant* paraît sous l'Occupation, en 1943, chez Gallimard. Voilà ce qui, pour la corporation, fait un philosophe digne de ce nom. La subtilité de la pensée libertaire et nietzschéenne d'Albert Camus ne se contente pas d'un exercice de style philosophant, d'un jeu de bonneteau conceptuel germanique, il déroute les professionnels pour lesquels la philosophie se résume aux commentaires de textes canoniques…

Mais que penser de la compétence intellectuelle de Brochier qui réduit Camus « à un vécu confus, fait de principes moraux vaguement kantiens (considérer les autres non comme un moyen mais comme une fin) ou chrétiens (tu ne tueras point), et de sentiments encore plus vagues qui peuvent se ramener finalement au sentiment le plus traditionnel et le plus réactionnaire : le sentiment de la nature ». Car il faut choisir : selon Brochier, le sentiment de la nature fait de Camus un penseur fasciste, mais il le présente tout de même comme un chrétien qui aurait lu Kant ! Or le paganisme dionysiaque de *Noces* fait mauvais ménage avec l'idéal ascétique chrétien ou la *Métaphysique des mœurs*, l'immoralisme de l'un avec l'hypermoralisme des autres…

Par ailleurs, transfigurer en chrétien tout opposant à la brutalité, à la violence, à la peine de mort témoigne de l'ignorance de l'accusateur pour qui la pensée comme antidote à la brutalité commence avec le christianisme – pour le coup, un réflexe chrétien… Le refus de tuer s'inscrit dans une perspective beaucoup plus générale qui renvoie à la « douceur » et à ses variations : gentillesse, bienveillance, générosité, bonté, indulgence, compréhension, humanité, tolérance, clémence et autres vertus… païennes dont Jacqueline de Romilly a superbement montré la nature préchrétienne dans *La Douceur dans la pensée grecque*. Le Camus qui aime la Grèce, le soleil, la Méditerranée, le lecteur de Plotin (qui passait pour disposer d'une douceur légendaire), qui fit de ce philosophe païen un sujet de son travail universitaire, n'a pas besoin du christianisme pour défendre une métaphysique de la douceur méditerranéenne.

Comment se définit le « vague kantisme » camusien selon Brochier ? Camus a posé une fois pour toutes le principe qu'il n'existe aucune bonne raison de mettre à mort son semblable ; pour sa part, Sartre défendait tout ce qui permettait la destruction de l'ordre bourgeois par la révolution – y compris la mise à mort de ceux qui entravent ce projet, à savoir, les riches, les bourgeois, les Blancs, les colonialistes, les propriétaires, les adversaires, les ennemis et leurs amis, voire ceux dont le seul tort consiste à se trouver près d'eux lorsque la bombe explose pour la bonne cause… Brochier confond l'interdit majeur du meurtre et l'obligation kantienne de traiter autrui comme une fin et non comme un moyen. Toutefois, dans la *Doctrine du droit*, Kant défend la peine de mort et invite en même temps à considérer autrui comme une fin et non un moyen. Kant est plus subtil que Jean-Jacques Brochier ne l'imagine. Même chose pour Camus.

Dès lors, plus grec que chrétien, moins kantien que cohérent avec son indéfectible goût pour la pensée hellénique, Camus, et là seulement Brochier a raison, manifeste un rare et authentique « sentiment de la nature » – un sentiment lui aussi grec, mais nullement chrétien et encore moins kantien. *Noces à Tipasa* est une grande ode dionysiaque dans laquelle on chercherait en vain des traces chrétiennes ou kantiennes… Camus a expérimenté cette métaphysique sur cette plage algérienne, sous le soleil brûlant de la Méditerranée, dans l'air chaud des ruines antiques, près de l'eau d'une mer mythique pour les Grecs. Il opposait ce *savoir immanent* à l'idéologie, cette religion transcendante dans laquelle Sartre et Brochier communiaient.

*

Brochier reproche à Sartre de n'avoir pas compris le marxisme et ses fins : « Si le marxisme [...] parle de l'élimination de la bourgeoisie en tant que classe dirigeante, Marx n'a jamais dit qu'il fallait raccourcir tous les bourgeois. » En bon élève de Sartre, lui-même élève de la rue d'Ulm, Brochier pense que la bourgeoisie peut exister sans les bourgeois ! Probablement comme une idée pure, un concept éthéré sans matérialité, comme il existerait un christianisme sans les chrétiens, un islamisme sans les musulmans, une agrégation de philosophie sans les agrégés, une École normale supérieure sans les normaliens...

Voyons donc ce que pense Marx et lisons son « Discours de commémoration du septième anniversaire de l'Association internationale des travailleurs » : « Avant de réaliser un changement socialiste, il faut une dictature du prolétariat, dont une condition première est l'armée prolétarienne. Les classes ouvrières devront conquérir sur le champ de bataille le droit à leur propre émancipation. La tâche de l'Internationale est d'organiser et de coordonner les forces ouvrières dans le combat qui les attend. » Ajoutons ces précisions de Friedrich Engels : « Une révolution est certainement la chose la plus autoritaire qui soit, c'est l'acte par lequel une fraction de la population impose sa volonté à l'autre au moyen de fusils, de baïonnettes et de canons, moyens autoritaires s'il en est ; et le parti victorieux, s'il ne veut pas avoir combattu en vain, doit continuer à dominer avec la terreur que ses armes inspirent aux réactionnaires » (*De l'autorité*, 1873). Faut-il lire : « dictature », « armée », « champ de bataille », « combat », « fusils », « baïonnettes », « canons », « terreur », ou bien, « idée de dictature », « idée d'armée », « idée de champ de bataille », etc. ?

Sartre et les siens ont raillé les prétendues lectures de seconde main d'un Camus éloigné de la formation supérieure habituelle chez les héritiers par la pauvreté et la maladie. Mais Brochier n'a pas lu Marx non plus… Comment peut-il jouer de ce sophisme que Marx serait assez idéaliste, conceptuel, scolastique, pour croire qu'en appeler à l'élimination de la bourgeoisie comme classe s'effectuerait par enchantement, en vertu de la grâce révolutionnaire idéelle, sans l'élimination de bourgeois en chair et en os ? Le *Manifeste du parti communiste* appelle à des « expropriations », des « confiscations », une « violation despotique du droit de propriété » : comment Brochier peut-il penser que tout cela irait sans la résistance des propriétaires, donc sans violences perpétrées sur eux non pas comme classe insaisissable mais en tant qu'individus concrets ? D'où la dictature du prolétariat. Sinon, en matière de « dictature du prolétariat », ce serait la dictature de qui sur qui ?

*

Sartre, qui, on l'a vu, a royalement manqué le train de l'Histoire en 1939, puis pendant l'Occupation, puis lors de la Résistance, a d'autant plus surjoué ensuite l'engagement théorisé en 1945 dans *L'existentialisme est un humanisme* qu'il a ignoré pendant les cinq années les rudesses subtiles et les risques réels de l'engagement concret. Pour Sartre et Beauvoir, la guerre d'Algérie fut l'occasion rêvée d'une rédemption. Mais ce fut au prix d'une incroyable démonétisation de l'histoire et des concepts qui la nomment : car les deux philosophes décalquent le schéma « Occupation » allemande (de la France), « Résistance » (française), « Collaboration » (avec l'ennemi), « Libération » (du peuple opprimé) sur l'histoire franco-algérienne du moment.

Dès lors Sartre et Beauvoir invitent à lire « Occupation » française (de l'Algérie), « Résistance » (algérienne), « Collaboration » (avec la France), « Libération » (du peuple colonisé). Ainsi, rapportant l'assassinat d'Ali Chekkal (que Sartre nommera Ben Chacal quand il viendra témoigner en faveur de l'assassin…) dans *La Force des choses*, Beauvoir parle du « plus important des collabos musulmans ». Elle fait de ce meurtre un geste « analogue à ceux que, pendant la Résistance, on appelait héroïques » ; dès lors, poursuit-elle, cet assassinat « ne devrait pas être assimilé à un attentat terroriste » – sauf à emprunter le langage des nazis parlant de la Résistance ! En vertu de ce glissement fort peu philosophique mais très militant, le sophisme produit une nouvelle série d'équivalences : Le nazi ? Le militaire français. Le résistant ? Le militant du Front de libération nationale. La Villa Susini où l'armée française pratiquait la torture ? Le camp de concentration.

Puis cet autre amalgame : la Résistance a eu recours à la violence ? Pourquoi donc les militants de la cause algérienne n'y auraient-ils pas recours eux aussi ? Fort de ce paralogisme, Brochier écrit : « Cette condamnation de la violence n'avait pas effleuré Camus au moment de la Résistance, et ce terrorisme qu'il réprouve si violemment pendant la guerre d'Algérie, sans en comprendre les motifs ni les modalités, ou plutôt en refusant de les comprendre, avait été une des techniques, et non l'une des moins efficaces, de la lutte contre l'occupant entre 1942 [*sic*] et 1944. Et il ne se trouvait guère que la presse de la collaboration pour le condamner alors. »

Voici donc comment l'usage d'un sophisme permet de fonctionner à front renversé : Camus qui fut résistant pendant l'Occupation allemande a eu recours à des méthodes qu'il ne condamne pas quand il s'agit d'une autre guerre dans laquelle l'ancien résistant devient collaborateur – c'est ce que suggère la perfidie en fin de phrase... Précisons d'abord que, contrairement à ce que Brochier affirme, Camus n'a jamais fait état de son passé de résistant parce qu'il savait qu'en comparaison des combattants ayant risqué leur peau et parfois perdu leur vie, il ne s'autorisait pas le droit de parler en vertu du principe que « ce sont les meilleurs qui ont gagné le droit de parler et perdu le pouvoir de le faire ».

Brochier, tout à sa comparaison insultante, passe sous silence, évidemment, que, parmi tous les actes de résistance, en quatre années (et non pas deux comme il le croit...), il n'y eut aucun fait d'armes sciemment engagé qui aurait mis en péril des civils, des passants, des victimes innocentes. Les cibles étaient toujours politiques : collaborateurs, miliciens, traîtres, soldats, occupants, nazis. On n'a jamais vu un résistant poser une bombe à la terrasse d'un café où se trouvaient des enfants, des badauds, des familles, des adolescents comme ce fut le cas dans les endroits où le FLN posait ses engins explosifs. Mais il est vrai que pour Sartre et les siens, il n'y a pas de victimes innocentes. À l'aune de cette nouvelle unité de mesure, le résistant Albert Camus devient collaborateur et Jean-Paul Sartre, qui participa à « une revue collabo » (selon l'expression de sa biographe Annie Cohen-Solal...) de 1941 à 1944, un grand résistant ! Ou comment enrichir la légende sartrienne...

*

Brochier continue son infâme pamphlet avec les mêmes méthodes : mensonges, insultes, amalgames, citations tronquées, procès d'intention, ironie, haine, travestissements, oublis, etc. À cette panoplie, le journaliste ajoute la mauvaise foi. On me permettra cette expression sartrienne pour qualifier le sophisme qui consiste à présenter la violence révolutionnaire comme réponse à une violence d'État sans laquelle la seconde n'aurait jamais vu le jour. Dès lors, le terrorisme devient guerre de libération, et l'agresseur un agressé qui se défend avec légitimité. Argument de cour de récréation du genre : « C'est lui qui a commencé »...

Certes, il existe une corrélation mécanique entre violence d'État et violences réactives à celle-ci, mais la légitimation éthique de celles-ci reste à démontrer. Dès ses articles repris sous le titre « Misère en Kabylie », Camus lui-même met en perspective l'humeur arabe du moment avec l'exploitation presque centenaire de ce peuple par l'administration française. Tout son engagement depuis 1937 repose sur cette logique : l'humiliation d'un peuple active une colère qui devient dès lors, sinon légitime, du moins compréhensible. Purger ce ressentiment nécessite l'assèchement des causes. D'où ses appels à une autre politique en Algérie *avant guerre* !

Accepter ce raisonnement sartrien contraint au renoncement à des siècles de pensée pour effectuer une douloureuse marche arrière intellectuelle car des siècles d'efforts vers plus d'humanité, de raison, d'intelligence, de discussion, de dialogue trépasseraient au profit d'une philosophie de la violence, de la brutalité, de la sauvagerie, de la barbarie reposant sur l'idée du talion, ce tropisme bestial confirmé par l'éthologie. Toute justification de la peine de mort repose sur cet argument spécieux qu'une violence illégitime doit se payer par une violence légitime. Camus récuse la violence, toute violence, en quoi il dépasse, et de loin, Sartre qui met son intelligence sophistique et son talent rhétorique à défendre l'animalité des hommes sous prétexte d'avancer vers une humanité supérieure…

*

De la même manière que Brochier l'idéaliste croit possible d'en finir avec la bourgeoisie tout en épargnant les bourgeois, le journaliste affirme que le marxisme n'a rien à voir avec le stalinisme, au contraire de Camus pour qui l'*idée* de l'un s'incarne dans la *réalité* de l'autre sur le principe d'une liaison non pas fortuite, accidentelle ou accessoire, mais nécessaire. Il écrit : « On peut discuter l'idée que Camus se fait du marxisme, qu'il confond avec le stalinisme, et qu'il identifie dans tous les cas à une praxis de la ruse et du mensonge. » Discutons donc.

La manie normalienne de moins penser le monde que les Idées rayonne en majesté. De Sartre à Badiou, deux incarnations d'une même naïveté intellectuelle produite par l'ENS, le marxisme triomphe en belle idée inaccessible aux impuretés invalidantes issues d'une incarnation concrète. Le philosophe Marx est magnifique, les camps de l'Union soviétique n'ont rien à voir avec lui ! Le *Manifeste du parti communiste* est un livre sublime, mais le goulag ne s'y trouve pas – même quand Marx invite à la dictature du prolétariat ! Sartre, Brochier et Badiou s'activent en dévots d'un marxisme transcendantal, indépendant de toute immanence, brillant dans le ciel des Idées comme un astre éternel. Le goulag ? Une idée de droite…

Camus ne pense pas Marx dans le silence d'une bibliothèque, crayon à la main, en faisant des fiches et en prenant des notes. En pleine guerre froide, il pense la théorie de Marx à la lumière de la pratique marxiste. Péché mortel pour les gendelettres. Dès lors, il constate que les textes ne disent pas autre chose que la réalité marxiste : Lénine n'est pas la pathologie de Marx mais son bras armé, ni Staline la perversion de Marx mais sa formule la plus radicale. Le camp et les barbelés manifestent la vérité du socialisme marxiste qui est par nature autoritaire. Camus effectue sa critique du marxisme à partir du socialisme libertaire. Disons-le autrement : avec Sartre, Brochier défend l'Armée rouge, Camus les marins de Cronstadt.

*

Juchés sur l'Aventin transcendantal, donnant des leçons d'histoire apprises dans la *Phénoménologie de l'esprit*, fascinés par l'idée communiste, écartant d'un revers de la main la réalité issue de ces idées, refusant de penser la théorie en regard de la pratique et défendant farouchement la théorie pour elle-même, les sartriens persistent dans leurs jeux intellectuels, leurs combinaisons conceptuelles, leurs croyances philosophiques, leurs idéologies vécues comme des performances mentales. Pour sa part, Camus pense librement et constate, vérité tragique mais tellement évidente, que ce qui prétend combattre le mal fait plus de mal que le mal prétendument combattu. Les révolutions marxistes augmentent le mal qu'elles prétendaient éradiquer. Le supposé médicament s'avère plus mortel que la maladie.

Brochier n'a cessé de reprocher à Camus sa position morale, son engagement éthique. La politique, selon lui, n'aurait rien à voir avec l'éthique. Voilà pourquoi, recourant au mépris et à l'ironie, le journaliste déplore la morale prophétique de Camus : « il y a pour cela l'Armée du Salut et la Croix-Rouge », une saillie pas même personnelle puisque empruntée au Jeanson des *Temps modernes.* Le spécialiste en sangliers et bécasses a lu Hegel et fait savoir que, depuis le penseur allemand, l'ère de la politique a remplacé celle de l'éthique : « La morale devint bien vite un divertissement de salon passablement réactionnaire. » On comprend que Soljenitsyne ait refusé de rencontrer Sartre lors de l'un de ses innombrables voyages en qualité d'hôte officiel du régime.

Hegel fut donc le grand magicien de cet escamotage du réel au profit du rationnel confondu par lui à l'Idée. Les philosophes de profession, agrégés et autres docteurs, pensent moins le monde que ce que *La Phénoménologie de l'esprit* en dit. Or ce gros livre indigeste offre un formidable outil intellectuel pour exterminer massivement les hommes : la dialectique. La négativité se trouve présentée comme le moment nécessaire à l'avènement d'un progrès. Autrement dit : le mal d'aujourd'hui prépare le bien de demain… Ou, plus concrètement : le goulag est un moment nécessaire dans un mouvement qui abolira le goulag. Même chose avec toutes les négativités possibles : le camp de concentration, la dictature, l'exécution sommaire, le régime policier, la terreur comme méthode de gouvernement, tout cela est dialectiquement indispensable aujourd'hui pour faire disparaître demain le camp de concentration, la dictature, l'exécution sommaire, etc.

On comprend qu'incapables d'imaginer qu'on puisse ne pas croire religieusement à cette baliverne idéologique, Brochier et consorts avancent cette parade : Camus, parce qu'il n'était pas formé aux bonnes écoles de l'élite française, qu'il n'était pas agrégé (à cause de la tuberculose, l'examen lui fut interdit…), était incapable de lire les grands textes philosophiques. Si d'aventure il les lisait, c'étaient des morceaux choisis, ou des lectures de seconde main, répète la vulgate. Mais, toujours selon Sartre, Jeanson, Brochier, même dans ce cas, son intelligence limitée ne lui permettait pas de comprendre ce qu'il lisait et de goûter au charme de cette idéologie que le nihilisme est le premier temps de son contraire ! « Nous voyons encore une fois l'héritier de Descartes [*sic*!] ignorer totalement ce que peut être une pensée dialectique… »

*

Aux yeux des immoralistes revendiqués, la morale défendue par Camus ne saurait être autre chose que la charité chrétienne… Pour Brochier, Camus « remplace l'action politique par la charité individuelle ». Pas question pour le journaliste de concevoir que la position éthique de Camus est libertaire, socialiste, socialiste libertaire. Un tenant comme lui du « socialisme des barbelés », pour utiliser la terrible mais juste expression de *L'Homme révolté*, ne peut imaginer que le philosophe puisse défendre une pensée anarchiste ! Il ne peut supposer même que, sur la question algérienne, son fédéralisme et son mutualisme procèdent du proudhonisme, ou que sa critique du communisme totalitaire invite à un socialisme de justice et de liberté. Camus a combattu pour la justice, autrement dit : pour le contraire de la charité, son exact antipode.

Binaire, Brochier croit qu'à gauche on défend la justice, donc la politique, et qu'à droite on défend la charité, donc la morale. Puisque Camus ne défend pas la gauche que soutiennent les sartriens, la gauche césarienne, la gauche des camps, la gauche marxiste-léniniste, la gauche liberticide, la gauche des barbelés, il faut bien qu'il soit l'adversaire de la justice et de la gauche, donc le défenseur de la charité, donc un homme de droite. CQFD ! Ces faux syllogismes frottés au vernis dialectique révèlent des rhéteurs qui renoncent à penser au profit de l'anathème, de la condamnation, de l'insulte, du mépris.

Un même goût pour le sophisme fit longtemps dire à Sartre qu'il n'était pas communiste mais anti-anticommuniste ! (BHL recyclera la pirouette dans *American Vertigo* en se disant moins proaméricain qu'anti-antiaméricain…) Ce qui lui permettra d'être plus communiste encore que les communistes en surjouant son engagement aux côtés de tous les régimes totalitaires de gauche que le XXe siècle aura connus ! Sur ce principe, Brochier écrira : « Attaquer systématiquement le parti communiste pendant la guerre froide revenait à soutenir en France le parti néo-américain. » Voilà donc l'affaire conclue : si l'on n'est pas avec les communistes, on est avec les fascistes. Camus ne justifiait pas le goulag ? Preuve qu'il était un homme de droite…

Or Camus récuse ce manichéisme indigne de quiconque fait profession de penser, il a refusé cette sénilité mentale qui fit écrire à Simone de Beauvoir dans « La pensée de droite aujourd'hui » cette terrible phrase qui signe une démission totale de l'intelligence : « La vérité est une : l'erreur multiple. Ce n'est pas un hasard si la droite professe le pluralisme »… Comment dès lors envisager le dialogue, l'échange, la confrontation d'idées sincères et honnêtes ? Si l'on pense ainsi, il ne reste plus que l'échafaud, la guillotine, la prison, le goulag, la terreur pour celui qui ne pense pas comme soi… On doute que cette engeance puisse ensuite réaliser la justice ou la liberté, les deux obsessions d'Albert Camus qui n'envisageait pas l'une sans l'autre.

Car la justice sans la liberté nommait pour Camus la société totalitaire soviétique et la liberté sans la justice, la société américaine. Il faut tenir son œuvre complète dans un souverain mépris pour ne pas voir que Camus a refusé avec la même vigueur les deux impasses au nom d'une tradition anarchiste française. Ni socialisme césarien des pays de l'Est, ni capitalisme déshumanisant des États-Unis, mais socialisme libertaire : l'obligation de choisir entre deux impasses n'était pas la meilleure façon d'ouvrir une route.

*

Le poignard du coup de grâce fut une phrase sortie de son contexte et savamment exploitée par les journaux, en l'occurrence *Le Monde*, pour précipiter Camus dans les abîmes. Il s'agit de cette fameuse affirmation : «Je crois à la justice, mais je défendrai ma mère avant la justice» – qui deviendra légende sous forme de cette maxime : «Entre la justice et ma mère, je choisis ma mère.» Autrement dit, dans la bouche de Brochier et consorts : «Je n'ai rien à faire de la justice et je choisis ma mère, entendez : l'Algérie française…»

Cette hélas célèbre phrase conclut une démonstration dans laquelle Camus précise les choses : il a décidé de se taire parce que la violence se déchaîne partout en Algérie, côté Algérie française et côté FLN ; il n'en continue pas moins d'agir discrètement pour défendre la cause qu'il estime juste : une Algérie démocratique partenaire de la France ; il laisse entendre à son interlocuteur l'ayant agressé qu'il défend concrètement la cause d'indépendantistes sans en donner le détail – on sait depuis qu'il intervenait pour leur éviter l'échafaud ; il réitère sa condamnation du terrorisme aveugle. Puis, dans le prolongement de cette assertion, il dit : ce terrorisme « un jour peut frapper ma mère ou ma famille. Je crois à la justice, mais je défendrai ma mère avant la justice ».

Camus était fatigué par ce voyage à Stockholm pour son prix Nobel. Une lettre à son ami Roger Martin du Gard, qui lui aussi avait eu le prix prestigieux, montre dans quel état d'angoisse il se trouve à l'idée de devoir rencontrer des journalistes étrangers, répondre à l'avalanche de leurs questions. Il redoute la presse, les caméras, les micros devant lesquels il ne se sent pas à l'aise. Il sait qu'il devra donner des conférences de presse, réagir à des questions saugrenues, agressives, sottes, déplacées, comme si souvent. Il n'aime pas cette ambiance hystérique où le philosophe doit avoir réponse à tout et improviser sur tous les sujets, on le somme de fournir des réponses *ad hoc* aux interrogations les plus inattendues, et les réponses se trouvent reprises par les agences de presse puis diffusées à tous les journaux de la planète.

Ce 12 décembre 1957 (et non pas le 13 comme l'écrit Brochier), Camus est angoissé, malade, fatigué, tendu. Il répond à la question d'un jeune homme présenté par *Le Monde* comme un délégué du FLN – information fausse. Le questionneur entame une logorrhée familière aux conférenciers après leurs interventions. Il accumule, dit Herbert R. Lottman, « slogans, accusations, insultes ».

Camus blêmit, rappelle qu'il a été le seul journaliste à devoir quitter l'Algérie pour avoir défendu les Arabes et militait pour une démocratie dans ce pays qu'il aimait. Il développe sa pensée et la conclut avec cette phrase funeste…

Dominique Birmann publie un article pour *Le Monde* dans l'édition datée du 14 décembre 1957. Cette phrase était une aubaine pour tous ceux qui voulaient la peau de Camus, jeune philosophe que le Nobel venait de couronner. On lui fit dire le contraire de ce qu'elle disait. L'œuvre complète de Camus témoigne : cet homme ayant défendu la justice de son premier article au dernier ne saurait être présenté comme un penseur qui se moque de la justice ! Mais ce que quatre mille pages publiées ne parviennent pas à faire, un article de journal peut le défaire. Camus s'était enfermé dans le silence, il y avait donc bien une raison, la voici, affirment les perfides : il se moque de la justice et lui préfère sa mère ! Char avait bien raison : « les journalistes quels qu'ils soient sont de la merde »…

Frotté à la psychanalyse comme tous les esprits profonds, Brochier avait ironisé : « À la limite, la phrase n'ayant jamais été que prononcée, on pourrait avoir aussi entendu “ma mer”, c'est-à-dire cette ineffable, incomparable, et indescriptible Méditerranée par laquelle, selon lui, les seigneurs sont ondoyés et confirmés dans leur qualité de seigneurs. » Puis : « Soyons sérieux, encore que le jeu de mots soit peut-être plus sérieux qu'il n'y paraît.

Quand Camus dit, à propos de l'Algérie, "je préfère ma mère à la justice", il n'a fait qu'exprimer sous une forme sentimentale ce qu'il avait auparavant exprimé sous une forme politique. » Rappelons que les *Écrits* de Lacan viennent de faire un succès de librairie, Brochier est une victime collatérale…

Brochier avalise donc le malentendu créé par la presse : Camus n'aime pas la justice, il n'a que faire de la justice, il se moque de la justice, il n'a aucun souci de la justice ! La belle aubaine ! Voilà donc un philosophe ayant passé sa vie à vouloir la justice et la liberté présenté comme un homme ayant passé sa vie à tromper son monde, à mentir, à cacher ses intentions véritables, intentions mises au jour par la sagacité d'un employé de gazette, collègue de Brochier. Le mal est fait : on a tué l'homme, le philosophe, le penseur. L'accident de la route du 4 janvier 1960 a dû réjouir cette engeance.

Car que dit Camus dans cette phrase prononcée dans la vivacité d'un échange au cours duquel il se fait agresser par un *quidam* venu pour ça avec ses amis ? Il dit : d'aucuns prétendent réaliser la justice en posant des bombes qui tuent au hasard dans la rue ; ces engins explosifs assassinent sans distinction, des civils, des vieux, des enfants, des adolescents n'ayant rien à voir avec cette guerre : cette prétendue justice est injuste ; ma mère pourrait se trouver tuée par ces explosifs, et ce, toujours au nom d'une hypothétique justice ; dès lors, cette fausse justice n'est pas justice ; donc, entre cette justice, la justice des tueurs, et ma mère innocente, je choisis ma mère. Autrement dit la justice, la véritable justice… Si d'aventure Camus avait dit : « Entre *cette* justice et ma mère, je choisis ma mère », les choses auraient été plus claires, du moins, nullement susceptibles d'être mal interprétées. Mais qui oserait jeter la pierre à un homme épuisé, agressé, répondant de cette manière, avec le sous-entendu lointainement ironique qu'on comprendra « cette justice » ? Les journalistes. Et tous ceux, nombreux, qui avaient intérêt à tuer cet homme à qui tout souriait. On comprend que la meute se soit déchaînée. Lisons en regard de la curée cette parole rapportée dans les notes préparatoires au *Premier Homme* : « Tu réussis tout. Tu me dégoûtes. » Camus réussissait tout, il dégoûtait beaucoup – surtout ceux qui ne réussissaient rien, ou ne réussissaient plus.

*

Arrêtons là cette réparation. *Camus, philosophe pour classes terminales* est un petit livre – et je n'ai répondu qu'à la première moitié en laissant de côté la seconde consacrée aux romans et au théâtre et qui, bien sûr, utilise la même méthode – accusation de plagiat, prophétisation qu'il ne reste déjà plus rien de *La Peste*, etc. Dans les premières pages de son pamphlet, Jean-Jacques Brochier fait de Sartre « l'écrivain le plus honnête et le plus perspicace de notre temps »... On comprend, en effet, que pour faire accroire cette thèse le journaliste ait eu besoin de faire de Camus l'écrivain le plus malhonnête et le plus aveugle de son temps !

Ce flot de haine contribua durablement à salir Camus dans le paysage intellectuel français dominé par le sartrisme : plagiaire, mauvais écrivain, styliste imbuvable, ronflant et emphatique, ampoulé et prétentieux, incapable de construire une intrigue, de faire tenir debout des personnages crédibles, de comprendre les philosophes, intellectuellement limité, philosophe de boutiquier, conservateur, moraliste, réactionnaire, chauvin, douteux, de droite, inculte, disciple de Joseph de Maistre et de Gobineau, à peine résistant, défenseur du colonialisme, partisan de l'exploitation des Arabes par les pieds-noirs, prototype du petit Blanc, compagnon de route des tenants de l'Algérie française, collaborateur de l'occupant français en Algérie, chrétien, kantien et païen en même temps, ontologiquement vichyste puisque mystique du sentiment de la nature, menteur, hypocrite et fourbe n'ayant jamais défendu la justice mais l'ordre établi. Puis cette attaque finale résumant bien la méthode de Brochier : « Insufflez à un petit bourgeois assez peu intelligent et assez peu cultivé une morale d'aristocrate, il deviendra pion, en attendant de devenir flic. » Cette haine généralisée, comme une guerre totale, se voulait un sel sur une terre maudite.

Camus, philosophe pour classes terminales se range dans la catégorie du pamphlet qui assassine. La démocratie n'autorisant que ce genre d'assassinat, gageons que, journaliste en URSS ou philosophe en Chine, Brochier et Sartre, et Jeanson avec eux, n'auraient pas manqué d'envoyer Albert Camus à l'échafaud. Avant, peut-être, de s'y trouver eux aussi conduits quelque temps plus tard par des amateurs de justice au sens donné à ce mot par cette engeance. Sartre, les sartriens et le sartrisme aiment les guillotines – on ne défend pas Sartre impunément…

Pas plus qu'on ne défend Camus sans se placer dans le camp de ceux qui ne sont jamais les amis des gens de pouvoir, ce qui définit le tempérament libertaire. Camus ne fut jamais l'ami des puissants, Sartre fut régulièrement invité aux banquets des dictateurs, pourvu que le portrait de Marx figure dans la salle des fêtes. En marxistes orthodoxes, Sartre et les siens n'envisageaient pas d'autre socialisme que le socialisme dit scientifique de Marx. Ce socialisme faussement scientifique mais vraiment autoritaire renvoyait tous les autres, comme il est fait dans *L'Idéologie allemande*, au socialisme utopique. Or ce qui s'oppose au socialisme dit scientifique n'est pas le socialisme prétendument utopique, mais le socialisme libertaire, autrement dit, un socialisme qui ne compose pas avec les camps et l'ordre policier. Camus fut au XXe siècle le grand penseur du socialisme libertaire : faute de méthode, de temps, de santé aussi, de chance bien sûr, il n'eut pas le temps de consacrer explicitement un livre à ce sujet. Mais il y a consacré sa vie entière.

17.

Pour une psychanalyse sans inconscient. J'ai longtemps cru ce que Simone de Beauvoir racontait sur le couple qu'elle formait avec Jean-Paul Sartre et sur ce qu'étaient les trajets joints de ces deux consciences critiques du XXe siècle. Je lisais les mémoires de la compagne « nécessaire » tel un roman philosophique, l'exemple d'une vie philosophique comme on en menait dans l'Antiquité grecque et romaine. On est très sérieux quand on a dix-sept ans et, quand on a des parents aux antipodes de la chose intellectuelle, on transforme volontiers ces deux-là qui ne voulaient pas d'enfants en géniteurs de papier.

Dès lors que le film d'Alexandre Astruc montrait pour un aspirant philosophe deux monstres sacrés de la discipline, comment leurs mots n'auraient-ils pas été paroles d'évangile ? On ne dira jamais assez combien ce film d'Alexandre Astruc et celui de Josée Dayan et Malka Ribowska sur Simone de Beauvoir ont contribué à créer puis à entretenir la légende en utilisant les médias à des fins de propagande…

Il faut du temps pour saisir que les hommes ne sont pas naturellement bons et que, la plupart du temps, ils sont plus et mieux saisis ou décrits par La Rochefoucauld que par Rousseau… Fréquenter ses semblables, qui plus est quand on entre un peu dans le monde des lettres, c'est découvrir une pétaudière qui n'a rien à voir avec l'atmosphère lisse, policée, feutrée des légendes littéraires – et philosophiques. Là autant qu'ailleurs – mais pour quelles raisons en serait-il autrement ? –, les passions font la loi : envie, jalousie, méchanceté, hypocrisie, antipathie, malveillance, ressentiment, agressivité et autres passions tristes produisent plus souvent leurs effets qu'amitié, complicité, sympathie, reconnaissance, émulation, estime, fraternité. Sartre fut bien évidemment un gros poisson nageant dans ces eaux troubles…

Une fois avertis de cette vérité éthologique, on aborde les choses autrement, et l'on saisit combien l'autobiographie, y compris chez les philosophes, donne la plupart du temps l'occasion de sculpter sa propre statue de son vivant, de prendre date pour l'éternité en écrivant ce que l'on souhaite qu'elle retienne de nous. Dès lors, toute autobiographie confine à l'hagiographie. La biographie rédigée par Beauvoir sur leur couple constitue donc un monument dans l'art hagiographique de soi. La correspondance, parce qu'elle relève d'un registre intime destiné a priori à n'être pas porté à la connaissance du public, propose une image plus vraie, plus juste du philosophe qui (se) raconte.

Ainsi, on aura pu lire le *roman*, au sens la *légende*, Sartre/Beauvoir à travers le prisme hagiographique des *Mémoires d'une jeune fille rangée*, de *La Force de l'âge*, de *La Force des choses*, ou encore de *La Cérémonie des adieux*. Puis avec *Le Deuxième Sexe*, ouvrage magnifique qui propose un salutaire existentialisme de combat pour les femmes. Mais ce sont les correspondances en général et en particulier les *Lettres à Nelson Algren. Un amour transatlantique* qui permettent vraiment de faire la part de la vérité et de l'erreur, sinon du mensonge, de la falsification, de la légende, de la sublimation au sens freudien.

La légende fait des *Mots* de Sartre son grand livre… Sartre y pose pour l'éternité en personnage affectant la haine de soi, pirouette (chrétienne) magnifique pour cacher une vanité sans mesure, un orgueil sans nom. Dès lors, le livre passe pour un témoignage de la plus haute vérité : la haine du père et de la paternité, l'amour incestueux avec sa mère, l'affirmation qu'il n'a pas de surmoi, l'enfance au précepteur, la vie réduite à la bibliothèque, le « petit-fils de prêtre », le platonicien qui, trente ans plus tard, se prétend guéri de cette peste idéologique, la découverte de la laideur, du cinéma, du théâtre et puis cette phrase : « je sais ce que je vaux» éclipsée par la formule pour classes terminales du «tout un homme, fait de tous les hommes et qui les vaut tous et que vaut n'importe qui», conclusion sartrienne pour la légende, parce qu'elle colle admirablement avec la carte postale d'un Sartre égalitaire, philosophe de gauche, penseur marxiste et existentialiste, mais qui se trouve bien loin de la réelle histoire de l'homme.

Où peut-on découvrir l'histoire du personnage en pleine lumière? Dans la correspondance. Ainsi, dans cette lettre à Simone Jolivet datée de 1926, Sartre écrit : «La gloire me tente car je voudrais être très au-dessus des autres, que je méprise.» Tout est là. Sartre dandy, aristocrate, égotiste, égocentré, scindant le monde en sartriens et anti-sartriens, avec l'ascenseur commun pour le premier et la guillotine pour les seconds – songeons au traitement réservé à Camus exécuté par un séide envoyé à cet effet... Dans la même lettre on lit : «J'ai l'ambition de créer : il me faut construire, construire n'importe quoi mais construire.»

De fait, en plus d'un demi-siècle d'écriture, Sartre aura construit, et souvent, effectivement, construit n'importe quoi : matériaux de récupérations phénoménologiques, recyclage de gravats heideggériens, usage de vaisselles cassées husserliennes, tessons de bouteilles marxistes, ficelles récupérées sur le roman américain, cartons déchirés kierkegaardiens, morceaux de plastique hégéliens, kojéviens pour être plus précis, tous liés par le ciment de son idiosyncrasie. L'œuvre complète de Sartre constitue un immense palais philosophique du Facteur Cheval. L'entreprise fut géniale, comme les normaliens savent en donner l'illusion, tout dans la forme, le fond passant au second plan. Ce château est magnifique, certes, mais il est inhabitable aujourd'hui… Sartre plus qu'un autre aura été prisonnier de son siècle et nombre de ses analyses sont devenues caduques parce qu'elles épousaient un monde, sinon une mode, qui ne sont plus – disons un monde passé de mode…

Faut-il tout jeter ? Ou, pour parodier Beauvoir : faut-il brûler Sartre ? Bien sûr que non. Je n'ai pas le goût de l'autodafé, de l'incendie de bibliothèque, de la guillotine, de l'exécution dans le fossé du château et de toutes les violences théorisées et légitimées dans la *Critique de la raison dialectique*… Je préfère tout simplement revendiquer le droit d'inventaire. Quelles pièces restent aujourd'hui habitables dans ce palais du Facteur Sartre ?

Une aile importante de cette grande bâtisse demeure : celle de la psychanalyse existentielle. S'il me fallait exercer un second droit d'inventaire dans ce que j'aurais sauvé d'un premier exercice du même type, j'écarterais la plume phénoménologique, la manie philosophique teutonne, l'exercice de style de la rue d'Ulm, la lourdeur germanique, le ton d'une époque révolue. Si ce Sartre-là avait moins regardé du côté de Ludwig Binswanger et un peu plus du côté de Pierre Janet, peut-être aurions-nous eu, en plus de la performance intellectuelle qu'est *L'Idiot de la famille*, un bijou de style comme il savait parfois en produire – comme avec *Les Mots* par exemple…

Je tiens le souci théorique de la psychanalyse existentielle (le chapitre II.I de la quatrième partie de *L'Être et le Néant*) doublé par l'exercice concret de *Baudelaire* et *Saint Genet, comédien et martyr* ainsi que, bien sûr, *L'Idiot de la famille*, pour la partie la plus géniale de l'œuvre sartrienne. Si la corydrane et les amphétamines qui facilitent la production du texte au détriment de sa clarté avaient tenu un rôle moins important, peut-être que le cerveau génial de Sartre, moins embrumé par les toxiques chimiques et les toxiques philosophiques allemands, aurait livré à l'histoire de la philosophie tel ou tel chef-d'œuvre à la hauteur des monuments de l'Occident, comme le *Discours de la méthode*.

Que dit cette psychanalyse existentielle ? Que la psychanalyse ne saurait être exclusivement freudienne et qu'il existe mille et une manières d'activer la psychanalyse sans Freud, dont la sienne. Sartre ne souscrit pas à l'inconscient freudien ni à sa métapsychologie. L'auteur de *La Transcendance de l'Ego*, de *L'Imaginaire* et de *L'Imagination* sauve la conscience du sujet classique en le repeignant aux couleurs de la phénoménologie. Voilà pour quelles raisons Binswanger, un psychanalyste soucieux de marier le freudisme et Husserl, compte dans la généalogie de la psychanalyse existentielle. Une parentèle qui intrigua le premier Foucault.

Sartre pose l'existence d'un « projet originaire », autrement dit d'un choix généalogique exposant le thème dont l'existence développe ensuite les variations. Souvent, ce choix est vouloir du vouloir d'autrui, seule façon de faire de nécessité vertu, et de sauver la liberté dans un monde où le déterminisme fait la loi – vieille ruse philosophique... Quand Sartre dit dans un entretien publié dans *L'Arc* : « Nous sommes ce que nous faisons de ce que les autres ont voulu faire de nous », il fournit le mode d'emploi de sa psychanalyse existentielle, son discours de la méthode, et met tout son talent à éviter que le sujet classique et sa conscience mettent la tête sous la guillotine conceptuelle du freudisme.

Derrida, Foucault, Bourdieu, Lacan conduiront une partie de leurs combats philosophiques au pied du panier de sciure dans lequel aura fini par tomber, un temps, grâce à eux, ou à cause d'eux, la tête du sujet classique. Le structuralisme sera le nom de cet attentat en partie fomenté contre Sartre. Or, le temps passant, les assassins sont morts eux aussi, et, avec sa psychanalyse existentielle, Sartre propose un monument inachevé, certes, mais assez construit pour que, comme dans le cas de la Sagrada Familia de Barcelone, on remette les plans sur l'établi afin de poursuive le chantier.

La philosophie gagnerait à faire de Sartre l'objet de ce sujet : sa psychanalyse existentielle montrerait alors comment le projet originaire de cet enfant fut inexorablement de combattre la figure du bourgeois que fut son beau-père, un insolent qui lui vola sa mère, un temps sa seule propriété après la mort de son père. Ce choix généalogique explique en effet nombre de pensées et d'actions de ce philosophe qui n'a cessé d'être systématiquement contre tout ce qui était pour le monde bourgeois et pour tout ce qui était contre ce même monde.

Sa haine du général Aupick, beau-père de Baudelaire sur lequel il écrit, nombre de ses engagements politiques qui, en gros, lui font dire que de Gaulle est un fasciste et Mao un démocrate, son refus très stratégiquement calculé du prix Nobel, sa vie de bohème à Saint-Germain-des-Prés, son invisibilité dans la Résistance avec en double quelques années plus tard son implication aux côtés du FLN, son couple avec ladite « grande sartreuse », ses rapports fascinés à la violence, de l'OLP à la bande à Baader en passant par la violence d'État bolchevique, marxiste-léniniste, castriste, guevariste, chinoise, toute cette mosaïque apparemment éclatée finit par montrer son motif quand on l'éclaire à la lumière de la psychanalyse existentielle. Mais faudrait-il commencer par Sartre pour réactiver la psychanalyse existentielle avec dès lors l'obligation d'arroser l'arroseur ?

18.

Prendre une correspondance. Tous les dévots du freudisme sont loin d'avoir lu l'œuvre complète de leur gourou. Le catéchisme leur suffit… Ils sont encore moins nombreux à avoir pris le temps de lire sa correspondance. C'est pourtant dans ces coulisses de l'œuvre que l'on comprend combien ce qui est montré sur scène relève des tours de magie préparés derrière le rideau. Dans la correspondance, le roi est nu ; sur scène, il arbore des déguisements.

C'est en effet dans la correspondance avec sa femme que l'on découvre combien Freud veut devenir riche et célèbre (28 avril 1885), le plus vite possible, par tous les moyens, qu'il publie en revue le contraire de ce qu'il constate pour créer la légende de la psychanalyse qui guérit, ainsi sa responsabilité dans la mort de son ami Fleischl von Marxow (12 mai 1884) ; c'est dans la correspondance avec Fliess que l'on apprend son addiction à la cocaïne (12 juin 1895) pendant douze années, ses mensonges : son déni d'une Emma Eckstein défigurée à cause de lui (8 et 23 mars 1895), ses affabulations : le père systématiquement violeur de sa fille (8 février 1897), ses errances doctrinales : galvanothérapie, balnéothérapie, électrothérapie, imposition des mains, massage de l'utérus, puis divan (24 novembre 1887), sa création de la légende du complexe d'Œdipe à partir d'un souhait subjectif extrapolé, puis transformé en loi universelle du genre humain (3 octobre 1897), son habitude de s'endormir pendant les séances (15 mars 1898), son aveu de ne pas être un scientifique, un chercheur, un expérimentateur, mais un « aventurier » (1er février 1900) ; c'est dans la correspondance avec Binswanger que l'on découvre qu'en 1910 la psychanalyse ne soigne pas, puisque le docteur viennois préconise l'usage du psychrophore (une sonde urétrale qui permet l'injection d'eau glacée...) pour guérir d'un tropisme onaniste que ne peut empêcher le divan (9 avril 1910) ; c'est dans la correspondance avec le même que Freud avoue l'inefficacité de la psychanalyse qu'il compare à « un blanchiment de nègre » (28 mai 1911) ; c'est dans la correspondance avec Stefan Zweig que l'on apprend que le compositeur de musique sublime une pétomanie dans ses œuvres (25 juin 1931) ; c'est dans la correspondance avec Edoardo Weiss que Freud avoue la parenté de la psychanalyse avec l'occultisme, mais souhaite qu'on évite de le faire savoir publiquement afin d'éviter les attaques (8 juin 1932) ; c'est dans la correspondance avec Jung qu'on mesure l'étendue de l'autocratisme épurateur de Freud dans le milieu analytique (12 octobre 1911), sa nature superstitieuse qui lui fait utiliser des signes de conjurations cabalistiques du mauvais sort dans ses lettres et dans son œuvre (*Psychopathologie de la vie quotidienne*) (1er janvier 1907) ; c'est dans la correspondance avec Otto Rank (23 mai 1924) et dans celle de Wittels (8 juillet 1928) qu'on découvre la haine de Freud pour les Américains coupables d'avoir compris très tôt la nature littéraire et fantasmatique de la psychanalyse freudienne ; c'est dans la correspondance avec Max Eitigon que l'on apprend la compromission de Freud avec le IIIe Reich pour obtenir que la psychanalyse puisse continuer à exister sous le régime nazi et pour évincer Wilhelm Reich pour cause de marxisme, alors que l'auteur de *La Fonction de l'orgasme*, juif, est persécuté par la Gestapo et change tous les jours de domicile (17 avril 1933)... Appelons-en à la grande autorité morale qu'est Élisabeth Roudinesco en matière de psychanalyse pour renvoyer à son livre *Retour sur la question juive*, puisqu'elle écrit que cette compromission de Freud avec le IIIe Reich se proposait de « favoriser une politique de collaboration [*sic*] avec le nouveau régime ». N'est-ce pas assez de preuves données par Freud lui-même pour en finir avec la légende freudienne colportée jusqu'à ce jour par le logiciel français des années soixante-dix ?

*

Qu'apprend-on dans cette correspondance de 600 pages de Freud avec ses enfants ? Qu'il est un père aimant, attentif, préoccupé par la santé, l'avenir, le mariage et la famille de ses enfants. Il envoie de l'argent, beaucoup d'argent, il se montre généreux avec sa tribu, très généreux. Il manifeste des soucis de bon père et de bon grand-père. Il découpe et envoie les timbres à l'un de ses petits-fils. Il confesse ses douleurs, ses peines, ses profondes souffrances : ses enfants au front pendant la Première Guerre mondiale, la difficile quête d'un mari pour l'une de ses filles, les gênes financières avec la crise, la santé de sa femme, la sienne, la mort d'un petit-fils, puis d'une fille, la préférée, la névrose de l'enfant de sa fille morte, celle d'un fils, le calvaire de son cancer sobrement rapporté. Disons-le tout net, ces pages montrent un homme privé sympathique, touchant, sans véritables défauts.

Dans les correspondances, pour trouver des pépites, il faut remuer beaucoup de gravats. Si j'étais freudien, ce qu'à Dieu ne plaise, je dirais qu'il faut traquer le lapsus, l'acte manqué, le détail qui conduit au diable. L'homme privé, attachant père et grand-père, est aussi l'homme public connu pour avoir inventé la psychanalyse. Or, il n'est jamais question de cette discipline directement : la mention de la parution d'un article, des considérations cursives sur le nombre de patients, le nombre d'heures de travail, tel voyage prévu pour un congrès, mais rien qui concerne la boutique théorique. Juste une lettre dans laquelle il sollicite sa fille Sophie et son gendre pour collecter des lapsus – « rétablissement de la maladie », « espère vous voir encore plus rarement » (lettre 407).

*

Tous les gravats de la vie privée, intime, familiale retournés, restent quelques pépites susceptibles d'enrichir le dossier d'un Freud dont j'ai raconté dans *Le Crépuscule d'une idole* combien il fallait le dégager de la gangue légendaire au profit de l'histoire – même si la plupart préfèrent des légendes qui les rassurent à des vérités qui les inquiètent.

Première déconstruction : *la psychanalyse, ça ne marche pas.* Freud lui-même le fait savoir ! Dans une lettre à sa fille Mathilde (5 mars 1908), Freud parle d'un tirage du loto auquel il a participé. Il écrit qu'en cas de gain «j'interromprais ici le blanchissage des nègres» – une expression plusieurs fois sous sa plume... Qu'est-ce qu'un blanchiment de nègre, sinon l'expression métaphorique d'une tâche vouée à l'échec ? Soigner un patient pour le guérir, c'est donc s'essayer à rendre un nègre blanc – autant dire, une activité chimérique… Freud psychanalyse pour gagner sa vie, voilà; s'il devait disposer d'une fortune, il ne pratiquerait plus.

Mais une pratique confirme cette théorie de l'inefficacité selon Freud de la psychanalyse : le 23 février 1916, Max Halberstadt, le mari de Sophie, mobilisé aux combats, échappe à la mort et s'en tire avec une éraflure par balle à la tête. Cet événement déclenche chez lui céphalées et dépression qui lui valent d'être déclaré inapte au service de guerre. Dans une lettre à Karl Abraham, Freud écrit à son propos : «Sa névrose traumatique semble s'épanouir» (26 septembre 1916). Le diagnostic est donc posé par Freud lui-même : névrose traumatique. Il semble que le beau-père soit le mieux placé pour soigner et guérir ce genre de pathologie puisqu'il fait savoir depuis des années que la psychanalyse est la panacée en matière de thérapie des névroses. Si la psychanalyse fonctionnait, ce serait le moment d'en faire la démonstration…

Au lieu du divan, voici ce que Freud propose à Sophie suite à la lettre dans laquelle elle lui rapporte la situation et s'en attriste : «Pour Max, on ne peut pas médicalement faire grand-chose, mais une occupation qui lui convienne améliorera son état, et, quand il aura retrouvé la paix et son métier, tout disparaîtra à nouveau» (7 août 1916). Autrement dit : la méthode Coué… Rappelons qu'à cette époque, Freud a publié *La Méthode psychanalytique* (1904), *De la psychothérapie* (1905), *Perspectives d'avenir de la thérapeutique analytique* (1910), *À propos de la psychanalyse dite « sauvage »* (1910) et bien d'autres textes dans lesquels la psychanalyse est présentée comme *la* thérapie qui soigne et guérit les névroses…

Freud écrit lui-même à Max Halberstadt que, loin de toute solution psychanalytique, il le renvoie à la médecine traditionnelle : « Pour mon apaisement, Lampl a promis de te rendre visite très bientôt à partir de Berlin. Il a un bon coup d'œil médical, tu peux le croire » (19 mai 1921). Hans Lampl est à cette époque médecin, il tombera amoureux d'Anna Freud, puis d'une autre de ses filles, mais son père lui interdira le mariage. Il deviendra psychanalyste – mais à la date où Freud le conseille à Max, il le dirige vers un médecin traditionnel…

Deuxième déconstruction : *Freud s'avère un compagnon de route des régimes fascistes autrichiens.* La popularité de Freud s'est faite en France avec les thèses de Reich et de Marcuse en mai 68, autrement dit avec des freudo-marxistes totalement aux antipodes du pessimisme réactionnaire du docteur viennois. On a prêté à Freud ce qui appartenait à Reich : l'invitation à la libération sexuelle, la pratique de l'orgasme comme une thérapie, le sexe libertaire. Il n'en fallait pas plus pour faire de Freud un héraut de la libération, de la liberté et du gauchisme libidinal – ce que, bien sûr, il n'est pas, puisqu'au contraire des freudo-marxistes, il légitime la répression sexuelle comme condition de possibilité de la civilisation et qu'il prend parti pour la société contre l'individu.

Freud n'aime pas la gauche, les grèves et les grévistes, les socio-démocrates, les ouvriers et les fonctionnaires (13 février 1922). Dans ses livres théoriques, notamment *L'Avenir d'une illusion* (1927) et *Malaise dans la civilisation* (1925), il attaque longuement le marxisme et le communisme, comme idéologies utopiques et dangereuses. En revanche, il n'écrit jamais rien contre le fascisme ni contre le nazisme… Dans *Psychologie des masses et analyse du moi* (1921), puis dans *Pourquoi la guerre ?* (1932), il célèbre le chef, seul capable de conduire et diriger la libido des masses – un ouvrage élogieusement dédicacé à Mussolini.

Dans *La Famille Freud au jour le jour*, un livre publié dans une collection dirigée par le célèbre analyste Jean Laplanche, on peut lire ceci : « Le gouvernement autrichien est certes "un régime plus ou moins fasciste", déclare Freud à Max Schur, son ami médecin ; malgré tout, selon le souvenir que Martin, le fils de Freud, conserve, des dizaines d'années plus tard, "il avait toutes nos sympathies". Le massacre que fait la Heimwehr parmi les ouvriers de Vienne laisse Freud indifférent. » La correspondance avec ses enfants confirme tout cela.

Freud écrit à son fils Ernst, lors de la répression des ouvriers par la troupe fasciste du chancelier Dollfuss le 12 février 1934 qui fit des centaines de morts dans la rue, que le désagrément fut grand pour lui, puisqu'il y eut une coupure d'électricité pendant presque vingt-quatre heures... Il y eut une répression féroce, des ouvriers ont été pendus dans des arbres, le feu n'a pas cessé pendant une journée, mais Freud écrit du gouvernement : « Il ne faut pas condamner trop sévèrement le gouvernement; on ne peut pas vivre non plus avec la dictature du prolétariat, qui était le but des dirigeants soc. » Par anticommunisme, la logique est connue, Freud défend le fascisme.

À ce même fils, il écrit juste après que le chancelier Schuschnigg a rencontré Hitler à Berchtesgaden le 12 février 1938 et décidé de faire entrer des ministres nazis à son gouvernement autrichien : « Notre Schuschnigg est un homme correct, courageux et qui a du caractère » (22 février 1938)...

Qui est Schuschnigg à cette date du 22 février 1938? Un ministre du gouvernement austro-fasciste du chancelier Dollfuss auquel il succède en poursuivant sa politique de collaboration avec le nazisme pour conserver une Autriche indépendante – nomination de ministres nazis et cessation des persécutions des nationaux-socialistes sur le territoire. Pour éviter que l'Allemagne nazie ne s'installe en Autriche, Schuschnigg installe le nazisme lui-même en Autriche.

C'est à cet homme que Freud attribue les vertus de correction, de courage et de caractère. Dans cette même lettre, totalement inconscient (si je puis dire…), Freud écrit : « Dans le pire cas, qui n'est pas très vraisemblable, où vie et liberté seraient menacées ici, un bref parcours en automobile via Presbourg serait censé me mettre en sécurité. » Hitler envahit l'Autriche le 12 mars 1938, moins de trois semaines plus tard…

*

Troisième déconstruction : *Freud pratique le contraire de ce qu'il théorise.* Nous avons déjà vu combien l'inventeur de la psychanalyse fait peu de cas de sa discipline quand il s'agit de soigner la névrose de guerre de son gendre : son invention marche pour le monde entier, mais il n'y expose pas les siens… On sait qu'il a théorisé dans *Conseils aux médecins sur le traitement analytique* (1912) l'interdiction d'analyser un proche, un ami, un membre de sa famille – mais qu'en même temps, il a allongé sa fille Anna sur son divan pendant neuf ans à raison de cinq à six séances hebdomadaires.

Autre exemple : son fils Olivier, dont Freud précise dans sa correspondance avec Ferenczi ou Arnold Zweig qu'il souffre d'une névrose, se complaît dans l'oisiveté, ne tient pas en place dans ses emplois, a des difficultés à trouver une épouse, accumule les preuves de désordre psychique.

Freud confesse à Eitingon : il « fut longtemps ma fierté et mon espoir secret, jusqu'à ce qu'il devînt ensuite mon plus grand souci, dès lors que se déclara clairement son organisation anale sadomasochiste et qu'échouèrent ensuite les tentatives de lui offrir une fonction génitale. La manière dont vous avez essayé et continuez d'essayer d'infléchir son destin (en lui fournissant du travail) est sans doute le mieux qu'on puisse faire pour lui. Mais je souffre beaucoup d'un sentiment d'impuissance » (13 décembre 1920). Olivier fit une analyse – que son père paya... Une hérésie doctrinale si l'on en croit ce que Freud a écrit de l'obligation, pour la réussite de l'analyse, qu'elle soit payée par le patient lui-même, la séance non honorée étant due.

Par ailleurs, Freud a longuement expliqué combien toute production intellectuelle procédait de la sublimation d'une libido individuelle. Dans *L'intérêt que représente la psychanalyse* (1913), Freud écrit : « La psychanalyse peut déceler la motivation subjective et individuelle des doctrines philosophiques qui sont nées d'un travail logique prétendument impartial et montrer à la critique elle-même les points faibles du système. » Freud veut faire « la psychobiographie » des auteurs – mais ne veut pas qu'on s'essaie à la sienne.

Ainsi, alors qu'il bouleverse l'économie de l'architecture allégorique qu'est, selon lui, la psychanalyse, en introduisant dans *Au-delà du principe de plaisir* le concept de pulsion de mort, Freud interdit qu'on mette en relation l'apparition de ce concept majeur qui réorganise la doctrine dans un sens antipodique et les événements qui lui arrivent dans la vie : ses enfants au front, leurs blessures de guerre, l'effondrement de l'Europe, la crise mondiale et surtout la mort de sa fille Sophie à l'âge de vingt-sept ans. Freud affirme : « Cet écrit avait été terminé l'automne d'avant, mis à part quelques notes et insertions, et il avait été lu par plusieurs personnes » (2 février 1922). La note rédigée par Michael Schröter (saluons au passage l'honnêteté, la probité et la science du maître d'œuvre de cette correspondance assisté de I. Meyer-Palmedo et E. Falzeder) précise : « Les passages comportant l'introduction expresse de la pulsion de mort ne sont pas encore contenus dans son manuscrit original, mais ont été ajoutés lors d'une augmentation ultérieure. »

*

Pour le reste, au fur et à mesure de la lecture de ces lettres, on découvre un Freud humain trop humain : machiste, il vante les mérites des gifles données aux femmes pour asseoir l'autorité de l'homme; raciste, il revendique le droit de marier ses filles avec des gendres dignes de ce nom – à propos d'un prétendant goy : « N'est-il pas une goutte étrangère dans notre sang? » (26 mars 1908);

superstitieux, il trace des croix de conjuration du mauvais sort dans ses lettres (20 avril 1917) ; goujat, il ne vient pas au mariage de son fils pour ne pas perdre les recettes du jour (18 avril 1920) ; vaniteux, il aime qu'on lui décerne le titre de citoyen de Vienne mais, atrabilaire, il déplore que ce ne soit pas citoyen d'honneur (7 mai 1924) ; paranoïaque, il se réjouit de devenir membre honoraire de la Société néerlandaise de psychiatrie, mais ajoute « sur proposition d'un adversaire », alors que la note nous apprend que ce prétendu adversaire a voté pour la qualité de membre d'honneur (20 décembre 1921) ; cupide, il place de l'argent dans des comptes en banque ailleurs qu'en Autriche pour échapper au fisc (2 janvier 1922). Les héros sont rares une fois lues leurs correspondances !

Bibliographie

Louis Althusser, Étienne Balibar, Roger Establet, Pierre Macherey et Jacques Rancière, *Lire* Le Capital, Paris, Maspero, 1965.

Günther Anders, *La Menace nucléaire : considérations radicales sur l'âge atomique*, trad. Christophe David, Paris, Éditions du Rocher-Le Serpent à plumes, 2006.

Alain Badiou, *On a raison de se révolter : l'actualité de Mai 68*, Paris, Fayard, 2018.

Alain Badiou et Slavoj Žižek (textes réunis par), *L'Idée du communisme*, Fécamp, Lignes, 2009.

Roland Barthes, *Mythologies*, Paris, Seuil, 1957.

—, *Système de la mode*, Paris, Seuil, 1967.

—, *S/Z*, Paris, Seuil, 1970.

—, *Sade, Fourier, Loyola*, Paris, Seuil, 1970.

—, *Le Degré zéro de l'écriture, suivi de Nouveaux essais critiques*, Paris, Seuil, 1972.

Georges Bataille, *L'Érotisme*, Paris, Éditions de Minuit, 1957.

Simone de Beauvoir, *L'Invitée*, Paris, Gallimard, 1943.

—, *Le Deuxième Sexe. 1, Les Faits et les Mythes*, Paris, Gallimard, 1949.

—, « La pensée de droite, aujourd'hui », in *Privilèges*, Paris, Gallimard, 1955.
—, *Mémoires d'une jeune fille rangée*, Paris, Gallimard, 1958.
—, *La Force de l'âge*, Paris, Gallimard, 1960.
—, *La Force des choses*, Paris, Gallimard, 1963.
—, *Tout compte fait*, Paris, Gallimard, 1972.
—, *La Cérémonie des adieux, suivi de Entretiens avec Jean-Paul Sartre, août-septembre 1974*, Paris, Gallimard, 1981.
—, *Lettres à Nelson Algren : un amour transatlantique, 1947-1964*, texte établi, traduit et annoté par Sylvie Le Bon de Beauvoir, Paris, Gallimard, 1997.
Detlef Berthelsen, *La Famille Freud au jour le jour, souvenirs de Paula Fichtl*, Paris, PUF, 1991.
Ernst Bloch, *Le Principe espérance, 1*, trad. Françoise Wuilmart, Paris, Gallimard, 1976.
—, *Symbole, les Juifs : un chapitre oublié de « L'Esprit de l'utopie », 1918*, trad. Raphaël Lellouche, Paris, Tel-Aviv, Éditions l'Éclat, 2009.
Alain Boyer *et al.*, *Pourquoi nous ne sommes pas nietzschéens*, Paris, Grasset, 1991.
Jean Anthelme Brillat-Savarin, *Physiologie du goût, ou Méditations de gastronomie transcendante*, Paris, A. Sautelet, 1826.
Jean-Jacques Brochier, *Albert Camus, philosophe pour classes terminales*, Paris, André Balland, 1970.
—, *Pour Sartre – Le jour où Sartre refusa le Nobel*, Paris, JC Lattès, 1995.
Albert Camus, *L'Étranger*, Paris, Gallimard, 1942.
—, *Le Mythe de Sisyphe*, Paris, Gallimard, 1942.
—, *La Peste*, Paris, Gallimard, 1947.

—, *Actuelles*, t. 1 : *Chroniques 1944-1948*; t. 2 : *Chroniques 1948-1953* : t. 3 : *Chroniques algériennes 1939-1958*, Paris, Gallimard, 1950-1958.

—, *L'Homme révolté*, Paris, Gallimard, 1951.

—, *Noces, suivi de L'Été*, Paris, Gallimard, 1959.

—, « La culture indigène. La nouvelle culture méditerranéenne », conférence faite le 8 février 1937, in *Essais*, Paris, Gallimard, coll. « Bibliothèque de la Pléiade », 1965, p. 1321-1324.

—, *Le Premier Homme*, Paris, Gallimard, 1994.

Albert Camus et Arthur Koestler, *Réflexions sur la peine capitale*, Paris, Calmann-Lévy, 1957.

Bernard Charbonneau, *Un festin pour Tantale : nourriture et société industrielle*, Paris, Sang de la Terre, 1997.

Michel Contat et Michel Rybalka, *Les Écrits de Sartre*, Paris, Gallimard, 1970.

Gilles Deleuze, *Nietzsche et la philosophie*, Paris, PUF, 1962.

—, *Présentation de Sacher-Masoch : le froid et le cruel, avec le texte intégral de* La Vénus à la fourrure, Paris, Éditions de Minuit, 1967.

—, *Différence et répétition*, Paris, PUF, 1968.

—, *Logique du sens*, Paris, Éditions de Minuit, 1969.

Jacques Derrida, *De la grammatologie*, Paris, Éditions de Minuit, 1967.

—, *L'Écriture et la Différence*, Paris, Seuil, 1967.

René Descartes, *Discours de la méthode, Méditations métaphysiques*, Paris, Flammarion, 2008.

Pierre Drieu La Rochelle, *Rêveuse bourgeoisie*, Paris, Gallimard, 1937.

Marcel Duchamp, « À propos de moi-même », in *Duchamp du signe*, nouv. éd. rev. et corr., Paris, Flammarion, 2013.

Albert Einstein et Sigmund Freud, *Pourquoi la guerre ?*, trad. Blaise Briod, Paris, Institut international de coopération intellectuelle, Société des nations, 1933.

Frantz Fanon, *Les Damnés de la Terre*, Paris, F. Maspero, 1961.

Flavius Josèphe, *Contre Apion*, texte établi et annoté par Théodore Reinach, trad. Léon Blum, Paris, Les Belles Lettres, 1930.

Michel Foucault, *Histoire de la folie à l'âge classique*, Paris, Plon, 1961.

—, *Les Mots et les Choses : une archéologie des sciences humaines*, Paris, Gallimard, 1966.

Claude Francis et Fernande Gontier, *Les Écrits de Simone de Beauvoir*, Paris, Gallimard, 1979.

Sigmund Freud, *Œuvres complètes – Psychanalyse*, Paris, PUF, 1989-.

André Glucksmann, *La Force du vertige*, Paris, Grasset, 1983.

Arthur de Gobineau, *Essai sur l'inégalité des races humaines*, Paris, Firmin Didot, t. 1, 1853.

—, *Les Pléiades*, Paris, Plon, 1874.

Daniel Guérin, *Proudhon, oui et non*, Paris, Gallimard, 1978.

Hegel, *La Logique subjective de Hégel*, Paris, Librairie philosophique de Ladrange, 1854.

—, *La Phénoménologie de l'esprit*, trad. Jean Hyppolite, Paris, Aubier, t. 1, 1939.

Max Horkheimer, *Éclipse de la raison, suivi de Raison et conservation de soi*, trad. Jacques Debouzy et Jacques Laizé, Paris, Payot, 1974.

Judith Housez, *Marcel Duchamp*, Paris, Grasset, 2006.

Edmund Husserl, *L'Idée de la phénoménologie : cinq leçons*, Paris, PUF, 1970.

Karl Jaspers, *La Bombe atomique et l'avenir de l'homme, précédé de Le Philosophe devant la politique, par Jeanne Hersch*, trad. Ré Soupault, Paris, Plon, 1958.

Hans Jonas, *Le Principe responsabilité*, trad. Jean Greisch, Paris, Le Cerf, 1990.

—, *Le Concept de Dieu après Auschwitz : une voix juive*, trad. Philippe Ivernel, postface Catherine Chalier, Paris, Rivages, 1994.

Gilbert Joseph, *Une si douce Occupation : Simone de Beauvoir et Jean-Paul Sartre, 1940-1944*, Paris, Albin Michel, 1991.

Étienne de La Boétie, *De la servitude volontaire, ou le Contr'un, suivi de lettres de Montaigne relatives à La Boétie*, Paris, Librairie de la Bibliothèque nationale, 1863.

Jacques Lacan, *Écrits*, Paris, Seuil, 1966.

Bianca Lamblin, *Mémoires d'une jeune fille dérangée*, Paris, Balland, 1993.

Gabriel Lampert, *L'Algérie et le projet Viollette*, Oran, Plaza, 1937.

Jean Laplanche, Jean-Bertrand Pontalis, sous la direction de Daniel Lagache, *Vocabulaire de la psychanalyse*, Paris, PUF, 1967.

Gilbert Lely, *Vie du marquis de Sade*, Paris, Pauvert, 1965.

Claude Lévi-Strauss, *Anthropologie structurale*, Paris, Plon, t. 1, 1958.

Bernard-Henry Lévy, *Le Siècle de Sartre*, Paris, Grasset, 2000.

Jean Leymarie, *L'Impressionnisme*, Genève, Skira, 1955.

Karl Marx, Friedrich Engels et Vladimir Il'ič Lenin,

Sur la dictature du prolétariat, Paris, Éditions du Centenaire, 1975.

Robert Misrahi, *Marx et la question juive*, Paris, Gallimard, 1972.

Mazzino Montinari, *« La volonté de puissance » n'existe pas*, texte établi et postfacé par Paolo d'Iorio, trad. et précédé d'une note par Patricia Farazzi et Michel Valensi, Paris, Éditions de l'Éclat, 1996.

Friedrich Nietzsche, *Humain, trop humain*, 1re partie, Paris, Mercure de France, 1899.

—, *Le Crépuscule des idoles, précédé de Le Cas Wagner, Nietzsche contre Wagner, et suivi de L'Antéchrist*, trad. Henri Albert, Paris, Mercure de France, 1899.

—, *Le Gai Savoir*, trad. Henri Albert, Paris, Mercure de France, 1901.

—, *La Volonté de puissance* (études et fragments), Paris, Mercure de France, 1903.

—, *La Naissance de la tragédie*, trad. Geneviève Bianquis, Paris, Gallimard, 1940.

—, *Ainsi parlait Zarathoustra*, trad. et préface Geneviève Bianquis, introduction Friedrich Würzbach, Paris, Gallimard, 1950.

Michel Onfray, *La Raison gourmande : philosophie du goût*, Paris, Grasset, 1995.

—, *Traité d'athéologie : physique de la métaphysique*, Paris, Grasset, 2005.

—, *Le Crépuscule d'une idole*, Paris, Grasset, 2010.

Gilles Perrault, *Paris sous l'Occupation*, commentaires Jean-Pierre Azéma, Paris, Belfond, 1987.

Marius Perrin, *Avec Sartre au Stalag 12D*, Paris, Jean-Pierre Delarge, 1980.

Pierre-Joseph Proudhon, *Qu'est-ce que la propriété ?*, Paris, J.-F. Brocard, 1840.

—, *Théorie de la propriété*, in *Œuvres posthumes*, Paris, A. Lacroix, Verboeckhover et Cie, 1866.

Alain Rey, *Dictionnaire historique de la langue française*, Paris, Dictionnaires le Robert, 1992.

Élisabeth Roudinesco, *Retour sur la question juive*, Paris, Albin Michel, 2009.

Sade (marquis de), *Œuvres complètes*, Paris, Pauvert, 1986-.

Danièle Sallenave, *Castor de guerre*, Paris, Gallimard, 2007.

Jean-Paul Sartre, *La Nausée*, Paris, Gallimard, 1938.

—, *Esquisse d'une théorie des émotions*, Paris, Hermann & Cie, 1939.

—, *L'Être et le Néant : essai d'ontologie phénoménologique*, Paris, Gallimard, 1943.

—, *L'existentialisme est un humanisme*, Paris, Nagel, 1946.

—, *Situations*, Paris, Gallimard, t. II, 1951.

—, *Saint Genet, comédien et martyr*, Paris, Gallimard, 1952.

—, *Critique de la raison dialectique*, Paris, Gallimard, 1960.

—, *L'Idiot de la famille*, Paris, Gallimard, 1971-1972.

Arthur Schopenhauer, *Le Monde comme volonté et comme représentation*, Paris, Alcan, 1886.

Jean Soler, *Aux origines du dieu unique (L'Invention du monothéisme ; La Loi de Moïse ; Vie et mort dans la Bible ; La Violence monothéiste)*, Paris, Éditions de Fallois, 2002.

—, *Qui est Dieu ?*, Paris, Éditions de Fallois, 2012.

Léon Trotsky, *Leur morale et la nôtre*, trad. Victor Serge, Éditions du Sagittaire, 1939.

Imprimé en France par CPI
en septembre 2019

La photocomposition de cet ouvrage
a été réalisée par
GRAPHIC HAINAUT
30, rue Pierre-Mathieu
59410 Anzin

MIXTE
Papier issu de
sources responsables
FSC® C003309

L'Éditeur de cet ouvrage s'engage
pour la préservation de l'environnement
et utilise du papier issu de forêts gérées de manière responsable.

N° d'édition : 59320/01
N° d'impression : 153668